KB199950

예수님은
나의 선한 목자이신가?

예수님은
나의
선한 목자이신가?

유기성

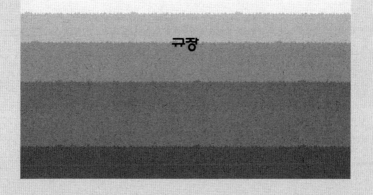

규장

일러두기

• 이 책의 성경 본문은 개역개정과 새번역을 따랐습니다.
• 스마트폰으로 큐알 코드를 찍으시면 해당 url로 이동, 유기성 목사님의 시편 강해
  설교 영상을 보실 수 있습니다.

예수님은 나의 선한 목자이신가?
나는 예수님의 양인가?

예수동행운동을 시작하면서 선한목자교회 주일예배 때 시편 강해 설교를 하였습니다. 그것은 시편이 하나님과 친밀히 동행하였던 사람들의 신앙고백이고 기도요, 찬송이고 감사로, 성경에 실린 하나님과의 동행일기였기 때문입니다. 다윗을 비롯한 시편 기자들에게 하나님은 살아 계신 하나님이었고, 대화가 되는 하나님이었고, 만날 수 있는 하나님이었습니다. 그래서 시편을 강해하면서 예수동행운동은 영적으로 더 깊어졌고 풍성해졌습니다.

우리에게는 반드시 목자가 필요합니다

시편 중에 가장 유명한 시편이 시편 23편일 것입니다. 이 책에 시편 23편 강해가 포함되어 있습니다. 다른 시편과 달리 시편 23편은 한 절 한 절씩 6번에 나누어 설교했습니다. 그만큼 예수님과 동행하는 삶에 주신 메시지가 강력하였기 때문입니다. 시편 23편을 강해하면서 예수님이 우리의 선한 목자이심이 분명히 깨달아졌습니다.

안타깝게도 예수님이 선한 목자이심을 들어 알지만, 실제 삶에서 경험하지 못하는 그리스도인들이 많습니다. 이유는 주님의 양으로 살지 않기 때문입니다. 양이 목자를 바라보듯 주님을 바라보지 못하고, 양이 목자의 음성에 귀 기울이듯 주님께 귀 기울이지 않는 것입니다.

어느 목사님이 "선한목자교회! 이름만 들어도 교회가 얼마나 은혜로울지 상상이 된다"라고 하신 적이 있었습니다. 그런데 옆에 계신 목사님이 "아닐걸요" 하시는 것입니다. 다들 "왜요?" 하고 물었더니 "선한목자교회지 선한 양 교회는 아니잖아요?" 모두들 잠시 아무 말을 못했습니다. 그렇습니다. 예수님이 선한 목자이시려면 자신이 예수님의 양이어야 합니다.

저는 오랫동안 '나는 양이다'라고 생각하지 않았습니다. 아니 양이 되는 것이 싫었습니다. 유치부 때 교회에서 크리스마스 성극을 하였는데, 제가 하얀색 타이츠를 입고 양으로 출연한 기억이 있습니다. 그 때 얼마나 창피했는지 울었습니다. 내복만 입고 사람들 앞에 나서는 것 같아 너무 부끄럽기도 했지만, 솔직히 독수리나 사자가 아니라 양인 것이 싫었습니다.

여러분은 정말 양이 되고 싶습니까? 양이 된 것이 감사합니까? 성경이 말하는 양의 이미지는 별로 좋지 않습니다. 이사야 선지자는 "우리는 다 양 같아서 그릇 행하여 각기 제 길로 갔거늘 여호와께서는 우리 모두의 죄악을 그에게 담당시키셨도다"(사 53:6)라고 말했습니다. 양은 약하고 미련합니다. 양은 내버려두면 도랑이 생길 정도로 같은 길만 가고, 한번 먹기 시작하면 한 곳 풀만 계속 뜯어먹어 주위를 황폐하게 만듭니다. 시력도 좋지 않고, 냄새도 잘 맡지 못하고, 쉽게 구렁텅이에 빠지고, 절벽에 잘 떨어집니다. 소나 닭, 개는 주인 없이도 삽니다. 그러나 양은 안 됩니다.

그러면 예수님은 왜 우리를 양이라 하셨을까요? 반드시 돌보는 목자가 필요한 존재라는 사실, 이 하나를 말씀하기 위해서였습니다. 양은 똑똑하지도 강하지도 않습니다. 단 하나 목자만 죽어라고 따르는 짐승입니다. 이렇게 예수님만 붙잡고 믿고 따르는 사람이 '예수님의 양'입니다.

주님의 양으로 죽어라 주님만 따라갑니다

시편 한 편 한 편은 우리가 어떻게 주님을 바라보고 살아야 하는지를 도전해주고 있습니다. 말 하나를 해도, 어떤 결정을 해도, 오직 예수 그리스도께서 인도하시는 대로 순종하는 사람이 예수님의 양입니다. 이러한 삶에 대하여 "아멘"이 되는 분이 주님의 양입니다. 이 말씀이 부담스러운 사람은 주님의 양이 아닙니다.

우리에게는 절도와 강도가 있습니다. 마귀입니다. 우리는 얼마나 행복하고 싶어 합니까? 복된 가정을 꾸리고 싶고, 자녀들을 훌륭하게 기르고 싶고, 사업도 잘하고 싶고, 명예로운 삶을 살고 싶고, 신앙생활도 은혜 충만하게 하고 싶습니다. 그런데 현실은 왜 이렇게 실패와 좌절의 연속입니까? 마귀의 존재와 역사를 모르면 답이 나오지 않습니다. 에덴동산에서 마귀는 아담과 하와에게 다가왔습니다. 마귀는 다윗 왕에게도 정욕의 시험으로 역사했습니다. 베드로에게, 가룟 유다에게, 아나니아와 삽비라에게도 마귀는 역사했습니다. 마귀는 지금 우리에게도 역사하고 있습니다.

그러므로 우리는 양이 목자를 따르듯 예수님을 믿어야 합니다. 예수님은 독수리 중의 독수리요, 사자 중의 사자이시지만 '하나님의 어린 양'으로 목숨을 내어놓으라는 하나님의 말씀에 순종하셨습니다. 예수님도 그리하셨다면 우리야말로 예수님의 인도하심에 순종하고 또 순종해야 합니다. 그 때 구원도 받고 꼴도 얻게 됩니다.

예수님을 믿는 우리에게는 인생 성공의 문이 오직 하나 있습니다. '예수님'이십니다. 행복한 가정이 이루어지는 데도 문이 있습니다. 예수님이십니다. 성공적인 기업을 꾸려가는 데도 문이 있습니다. 예수님이십니다. 목회에도 문이 있습니다. 교회도 문이 있습니다. 예수 그리스도이십니다.

예수님의 인도를 따라 살고 싶지만 주께서 어떻게 인도하시는지 알기 어렵다는 사람이 많습니다. 그것은 그동안 진정 양으로 살지 않았기 때문입니다. 저는 매일 일기를 쓰면서 예수님을 생각하고 예수님께 귀를 기울이게 되면서 비로소 예수님의 양이 되었다는 생각이 듭니다. 오직 예수님만 원하고, 예수님 한 분이면 충분하고, 예수님이 이끄시는 대로만 살고 싶은 마음입니다. 정말 예수님의 양이 된 것입니다.

저는 시편을 통하여 예수님과 동행하는 훈련을 받았습니다. 일대일 양육을 받은 느낌입니다. 저는 "여호와는 나의 목자시니 내게 부족함이 없으리로다"라고 노래한 다윗의 고백이 제게 이루어지게 해달라고 기도하였습니다. "주님의 양으로 살겠습니다. 주님이 푸른 풀밭으로 인도하시든, 사망의 골짜기로 인도하시든, 죽어라 주님의 인도만 따라 살겠습니다."

이 책이 예수님과 동행하고자 갈망하는 그리스도인들이 주님과 어떻게 친밀하게 교제할 수 있는지 눈이 열리는 데 도움이 되었으면 합니다.

유기성

Contents

1

성도가
죄지을 수
없는 이유

사람이 과연 죄를 짓지 않고 살 수 있을까요? 저는 예수를 믿고 목사가 되었지만, 사람이 죄짓지 않고 살 수 있다는 확신이 없었습니다. 죄의 유혹을 이기고 싶은 마음은 간절해도 어쩔 수 없이 죄의 유혹에 넘어가게 마련이며 하나님 앞에 나와 회개하면 용서받을 것이고, 다시 죄를 짓게 되면 다시 회개하고 용서받는 것이지, 죄를 짓지 않을 수 있다는 생각은 아예 하지 못했습니다.

그런데 지금은 그 생각이 완전히 달라졌습니다. '아, 죄짓지 않고 살 수 있구나. 죄를 안 짓게 되는 것이 예수 믿는 생활이구나!'라는 생각으로 바뀌었습니다. 여러분 중에는 이런 말이 충격이고 문제라고 여기는 분도 있을 것입니다. 저는 사람이 죄를 짓지 않고 살 수 있다는 설교를 몇 번 한 적이 있는데, 그때마다 항의 비슷한 메일을 받았습니다.

"목사님, 그건 잘못된 설교 아닙니까? 사람이 죄성(罪性)을 가지고 있는데, 어떻게 죄를 안 지을 수 있다고 하십니까?"

성경을 있는 그대로 읽어보면 예수를 믿으면 우리가 더는 죄의 종 노릇하지 않게 되고, 죄짓지 않고 살게 된다고 일관되게 말씀하는 것을 알게 됩니다. 그런 점에서 시편 17편은 '하나님이 내게 깨닫게 하신 것이 옳구나' 하고 확증시켜주시는 말씀이기도 했습니다.

다윗은 하나님께 이렇게 기도합니다.

> 여호와여 의의 호소를 들으소서 나의 울부짖음에 주의하소서 거짓되지 아니한 입술에서 나오는 나의 기도에 귀를 기울이소서 시 17:1

다윗은 자신의 기도가 '의의 호소'라고 합니다. 참 대단하지 않습니까? 누가 감히 이런 고백을 하나님께 드릴 수 있겠습니까? 어떻게 보면 잘못된 말 아닙니까? 사람 중에 거짓되지 않은 입술이 어디 있습니까? 그런데 다윗은 자신의 기도가 거짓되지 않은 입술에서 나오는 기도라고 말합니다.

> 주께서 나를 판단하시며 주의 눈으로 공평함을 살피소서 주께서 내 마음을 시험하시고 밤에 내게 오시어서 나를 감찰하셨으나 흠을 찾지 못하셨사오니 내가 결심하고 입으로 범죄하지 아니하리이다 시 17:2-3

다윗은 하나님께서 자신을 살펴보셨지만, 흠을 찾지 못하셨다고 말합니다. 어떻게 이렇게 담대하게 말할 수 있습니까?

사람의 행사로 논하면 나는 주의 입술의 말씀을 따라 스스로 삼가서 포악한 자의 길을 가지 아니하였사오며 나의 걸음이 주의 길을 굳게 지키고 실족하지 아니하였나이다 시 17:4-5

결국 이 말씀은 죄짓지 않고 사는 것이 아주 불가능한 게 아니라는 말입니다. 물론 이런 표현이 불편하신 분도 있을 것입니다. '어떻게 죄를 안 짓고 살 수 있어? 털어서 먼지 안 나는 사람이 어디 있다고? 아니, 사람이 적당히 죄도 짓고 사는 거지! 그게 인간미지.' 이렇게 생각하는 분도 있을 것입니다. 다윗처럼 말하는 사람을 보면 기분이 나쁜 분도 있을 것입니다. 그러나 성경은 일관되게 우리가 예수 믿고 구원을 받았다면 죄를 안 짓고 사는 것이 정상이라고 말씀합니다. 다윗의 이 기도가 그리스도인의 정상적인 고백이고, 만약 다윗처럼 고백할 수 없고 죄를 짓고 살 수밖에 없다고 생각한다면 그것이 비정상적인 믿음인 것입니다.

모든 사람과 더불어 화평함과 거룩함을 따르라 이것이 없이는 아무도 주를 보지 못하리라 히 12:14

모든 사람과 화평하고 거룩함을 따라야 합니다.

이러므로 하나님의 자녀들과 마귀의 자녀들이 드러나나니 무릇 의를 행하지 아니하는 자나 또는 그 형제를 사랑하지 아니하는 자는 하나님

시편 17편

의를 행하지 않는 사람, 형제를 사랑하지 않는 사람은 하나님께 속하지 않은 마귀의 자식입니다. 성경은 분명하게 이야기합니다. 우리가 예수님을 분명히 믿으면 죄를 짓지 못하게 됩니다. 아니 죄를 짓지 않게 됩니다. 죄의 대가가 얼마나 무서운지 알게 되기 때문입니다. 죄의 대가가 얼마나 무서운지 모르니 죄가 재미있고 죄에 유혹도 되는 것입니다. 그러나 '독약'이라고 적힌 병에 담긴 물을 마시는 사람은 없습니다. 독약을 마시면 어떻게 되는지 알기 때문입니다.

하나님 앞에 설 준비를 하고 사는가?

오래전 둘째 딸을 차로 학교에 데려다주는데, 어두운 표정으로 말했습니다. "아빠, 어제 교회에서 언니들이 어느 목사님이 천국에 갔다온 체험을 하고 책을 썼다는데, 그 책에 천국 제일 좋은 곳에 어려운 나라에 복음을 전하다가 순교한 선교사님들이 계셨대요. 그다음은 어려운 개척교회를 섬기던 목사님들이 계셨고요. 그런데 지옥에 갔더니 첫 번째 방에 큰 교회를 담임하던 유명한 목사님들이 있더라고 하던데, 그 말은 틀린 거지요?"

순간 어떻게 대답을 해주어야 하나 고민이 되었습니다. 그렇다 할 수도 없고 무조건 아니다 하기도 어려워 참 난감하였습니다. 그러다보니 차 안에 잠시 어색한 침묵이 흘렀습니다. 그러자 저희 딸이 약간 당황해하면서 "그런데 지옥 맨 밑바닥은 아니래요"라고 하여 더 당황하였습니다. 아마 저희 딸이 생각하기에 제가 큰 교회를 담임하는 유명한 목사라 생각되니 걱정이 되었던 것 같습니다.

천국에 가서 여러 가지를 보고 왔다는 목사의 간증에 대하여 평가하고 싶은 생각은 없습니다. 중요한 것은 아무렇게나 살아서는 큰일난다는 것입니다. 어떤 모습으로 하나님 앞에 설 것인지를 생각하며 살아야 한다는 것입니다. 안타깝게도 많은 이들이 '이 세상을 사는 동안 어떻게 하면 잘 살까?' 하는 데만 관심이 있지 '죽고 난 다음 하나님 앞에 가면 어떨까?' 하는 문제에 대하여 이상할 정도로 관심이 없습니다. 여러분은 하나님 앞에 설 준비가 되셨습니까?

왜 그렇게 죄가 무서운 걸까요? 그것은 죄가 대가를 요구하기 때문입니다. 그 점을 알고 나면 죄지을 사람이 없습니다. 죄의 대가를 심각하게 생각하지 않는 사람은 어떤 사람입니까? 하나님의 심판과 지옥에 대해 믿지 않는 사람들입니다. 다윗은 아무렇지 않게 죄짓는 사람들에 대하여 다음과 같이 설명합니다.

그들의 마음은 기름에 잠겼으며 그들의 입은 교만하게 말하나이다

시 17:10

그들의 마음은 세상 욕심으로 꽉 차 있습니다. 말을 함부로 하

고 아주 교만한 사람들입니다.

여호와여 이 세상에 살아 있는 동안 그들의 분깃을 받은 사람들에게서 주의 손으로 나를 구하소서 그들은 주의 재물로 배를 채우고 자녀로 만족하고 그들의 남은 산업을 그들의 어린아이들에게 물려주는 자니이다 시 17:14

하나님의 재물로 자기 욕심을 채우고 그저 내 자식이나 잘되면 좋겠다고 여기는 사람들입니다. 또 자녀에게 재산을 물려주는 것으로 자기 할 일을 다했다고 생각합니다. 한마디로 세상이 전부여서 이 세상에서 잘 살기만 하면 된다는 사람들입니다. 이런 사람들이 멸망당할 사람, 지옥에 갈 사람, 하나님을 떠난 사람들입니다. 이것이 얼마나 두려운 일인지 모르니 마음대로 죄를 짓고 사는 것입니다.

지금 당하는 지옥의 고통

다윗이 죄를 짓지 않은 것은 더 이상 죄가 유혹이 되지 않았기 때문입니다. 그는 죄로 인한 비참한 결과를 경험했고 그래서 결심하고 죄와 싸웠습니다.

…내가 결심하고 입으로 범죄하지 아니하리이다 시 17:3

다윗도 하고 싶은 말이 많았지만, 결심하고 입으로 범죄하지 않으려고 했다는 것입니다. 왜입니까? 그것이 얼마나 무서운 대가를 가져오는지 알았기 때문입니다. 많은 사람들이 심판과 지옥에 대하여 시큰둥하게 반응합니다. 하나님의 심판이나 지옥 이야기를 들어도 '누가 알아? 죽고 난 다음 가봐야 알지' 하고 넘겨버립니다. 심판이나 지옥은 사람들에게 너무 비현실적인 것입니다.

그래서 유혹을 받거나 다급한 일을 만날 때, 심판과 지옥에 대한 경고가 영향력이 없는 것입니다. 그러나 성도는 죄짓고 겪는 고통을 죽고 난 다음이 아니라 당장 여기서 겪게 됩니다. 그것이 너무 고통스럽기 때문에 죄를 생각하기도 싫고, 그래서 죄와 완전히 멀어지게 되는 것입니다.

그 고통이 무엇일까요? '하나님과의 친밀함'을 잃어버리는 것입니다. 시편 17편을 보면 다윗은 자신이 죄짓지 않았다는 것과 자신이 하나님과 얼마나 친밀하게 교제했는지를 함께 고백하고 있습니다. 이 두 가지는 같이 가는 것입니다. 죄를 안 짓는 것과 하나님과 친밀히 교제하는 것은 떼려야 뗄 수가 없습니다.

하나님과 동행하는 사람들

여호와여 의의 호소를 들으소서 … 주께서 … 밤에 내게 오시어서 나를 감찰하셨으나 … 시 17:1,3

다윗은 하나님이 자신에게 임하셔서 자신의 마음과 언행을 살펴보신 때를 알았습니다. 참 놀라운 일입니다.

주의님이 내 마음을 시험하시고 내게 임하였으나 내게 아무 것도 내 말이 시 17:6

다윗은 또한 하나님이 자신의 기도를 들으시고 응답하시는 것을 잘 알고 있었습니다.

주의 오른쪽 사람을 구원하시는 이여 주께 피하는 자들을 그 일어나는 자들에게서 주의 은 시 17:7,8

다윗은 하나님의 사랑이 얼마나 기이하고 놀라운지 경험한 사람이었습니다. 그는 하나님이 자신을 품어주시고 감추시는 것을 알았습니다.

나는 의로운 중에 주의 얼굴을 뵈오리니 깰 때에 주의 형상으로 만족하리이다 시 17:15

다윗은 주님의 얼굴을 뵙는 것처럼 주님과 친밀히 동행하며 살았습니다. 이것이 다윗이 누린 가장 큰 복이었습니다. 그것은 성도들이 누릴 수 있는 가장 놀라운 복입니다. 성경에 나오는 하나님의 사람들의 한 가지 공통점은 하나님이 늘 함께하시겠다는 약속을 누리며 살았다는 것입니다.

창세기에 보면 아비멜렉이 아브라함에게 이렇게 말합니다.

네가 무슨 일을 하든지 하나님이 너와 함께 계시도다 창 21:22

하나님은 이삭에게, 야곱에게, 그리고 요셉에게 그들과 늘 함께하시겠다고 말씀하셨습니다.

내가 너와 함께 있어 네게 복을 주고… 창 26:3

내가 너와 함께 있어 네가 어디로 가든지 너를 지키며 너를 이끌어 이 땅으로 돌아오게 할지라 창 28:15

여호와께서 요셉과 함께하시므로 그가 형통한 자가 되어 창 39:2

모세도, 여호수아도, 다윗도 성경에 나오는 모든 하나님의 사람들은 다 하나님과 동행하는 사람들이었습니다. 하나님께서 그들과 함께하셨고, 그들도 그것을 알았습니다. 이것이 가장 놀라운 복입니다. 그리고 이 복이 예수 그리스도 안에서 저와 여러분이 누리는 복이 되었습니다.

예수님의 이름인 '임마누엘'은 "우리와 함께하시는 하나님"이라는 뜻입니다. 예수님은 제자들에게 "내가 세상 끝날까지 너희와 항상 함께 있으리라"(마 28:20)라고 약속하셨습니다. 이것은 제자들에게만 하신 약속이 아니라 저와 여러분 모두에게 하신 약속의 말씀입니다. 이 놀라운 축복이 죄로 인해 깨어집니다. 죄가 하나님과 우리 사이의 친밀함을 깨뜨리기 때문입니다. 이것이 지옥의 고통입니다. 이것이 성도가 무슨 일이 있어도 죄짓지 않으려는 이유입니다.

지옥은 하나님이 더 이상 은혜로 덮어주시지 않는 곳입니다. 그 지옥을 꼭 죽고 난 다음에야 경험하는 것이 아닙니다. 이 세상을 사는 동안에도 하나님이 함께 계신 것 같지 않을 때, 우리의 심령은 지옥의 고통을 겪습니다. 죄를 지으면 그렇게 됩니다. 그래서 죄가 무서운 것입니다.

다윗이 밧세바와 간음하고 우리아를 죽게 한 다음 나단 선지자의 지적을 받고 그 자리에 고꾸라져서 하나님께 회개했습니다. 그리고 그가 하나님께 구한 것은 오직 한 가지, 성령은 거두지 말아 달라는 것이었습니다.

나를 주 앞에서 쫓아내지 마시며 주의 성령을 내게서 거두지 마소서

시 51:11

다윗에게는 자신 안의 성령을 거두어 가시는 것이 지옥과 같은 고통이었습니다. 어린아이가 무슨 잘못을 하면 부모가 똑같이 대해도 아이는 엄마 아빠가 두려워집니다. 엄마 아빠는 변한 것이 없는데 왜 달라졌습니까? 죄가 그렇게 만드는 것입니다.

하나님도 마찬가지입니다. 우리가 죄를 지으면 하나님과의 관계가 달라집니다. 하나님은 변하신 것이 없습니다. 아담과 하와가 선악과를 따먹고 나자 그들에게 하나님이 갑자기 두려운 존재가 되었습니다. 우리의 죄 때문에 좋으신 하나님이 무서운 하나님으로, 멀리 계신 하나님으로, 아예 안 계신 분으로 바뀌어버립니다. 하나님과 친밀한 교제에 있어서 죄가 얼마나 큰 걸림돌이며 무섭고 끔찍한 고통인지 명심해야 합니다.

그것을 알고 나니까 아무리 손해 보고 고생하는 일이 있어도 죄를 안 짓습니다. 그것 때문에 죽는 일이 있어도 죄를 짓지 않으리라 결심하게 됩니다. 다니엘의 세 친구 사드락과 메삭과 아벳느고는 느부갓네살 왕이 금 신상에 절하지 않으면 맹렬히 타는 풀무불에 던질 거라고 했지만, 하나님이 우리를 풀무불에서 능히 건져내실 거라고 말하며 금 신상에 절하기를 거절합니다.

그렇게 하지 아니하실지라도 왕이여 우리가 왕의 신들을 섬기지도 아니하고 왕이 세우신 금 신상에게 절하지도 아니할 줄을 아옵소서

단 3:18

진짜 하나님과의 교제를 알고 나면 죽음의 위기에서도 죄를 짓고 싶지 않습니다.

그 후로 살았느냐 아니냐에 따라 의지를 그렇게 생각하여 마음 이겼으나 크다 도가에서 지킨다 열망을 이기지 아니하였느니

계 12:11

이것은 죽어도 좋다는 말입니다. 우리는 이미 영생을 알고 이 땅에서 하나님나라를 누리며 삽니다. 사람이 죽고 사는 것은 이제 아무 문제가 되지 않습니다. 성도가 하나님과 친밀한 교제 중이라면 죄짓지 않을 수 있습니다.

죄 안 짓는 것이 목적인 사람들

그러나 조심해야 할 것이 있습니다. 강박에 사로잡혀 매사에 '죄짓지 말아야지', '죄지으면 벌받아'라며 살지 말아야 합니다. 완벽주의자처럼 살라는 말이 아닙니다. 여러분, 죄를 안 지어야 하지만, 우리의 진짜 목적은 죄를 안 짓는 데 있는 것이 아니라 주님과 사랑의 교제를 지속하는 데 있습니다. 주님과의 사랑의 교제가 목적이지 죄를 안 짓는 것 자체가 목적은 아닙니다.

죄 안 짓는 것 자체가 목적인 사람들이 있습니다. 율법주의자들이 그렇습니다. 그들도 철저히 죄를 짓지 말아야 한다고 말합니다.

그러나 분위기가 무섭습니다. 서로 죄짓나 안 짓나 감시하고 정죄하고 판단합니다. "죄 안 지어야지. 너 죄지은 거 없어? 솔직히 말해 봐." 그러나 하나님의 계획은 우리가 그저 예수님 안에 거하기만 원하십니다. 예수님과 친밀히 교제하면 죄를 안 짓게 됩니다. 죄를 지으라고 해도 안 짓습니다. '죄를 안 지어야지' 다짐할 것이 없습니다. 예수님과 친밀히 교제하면 더는 죄짓고 싶지 않습니다.

내 안에 거하라 나도 너희 안에 거하리라 요 15:4

이 말씀이면 충분합니다. 그저 예수님 안에 거하는 것입니다. 그러면 예수님이 내 안에 거하십니다.

나는 포도나무요 너희는 가지라 그가 내 안에, 내가 그 안에 거하면 사람이 열매를 많이 맺나니 나를 떠나서는 너희가 아무것도 할 수 없음이라 요 15:5

여러분, 죄를 안 지으려고 노력하기보다 예수님 안에 거하기를 힘쓰십시오. 내가 주님 안에 거하면 예수님이 내 안에 거하시고, 예수님과 나 사이가 친밀해지면 더 이상 죄는 문제가 되지 않습니다.

잘못하면 겉으로만 죄짓지 않는 것처럼 보이는 율법주의에 빠져버립니다. 이것이 더 무섭습니다. 율법에는 죄인들과 한자리에 앉아서 먹으면 안 되는데, 예수님은 삭개오의 집에 들어가 음식을 먹고 주무셨습니다. 제자들이 안식일에 밀 이삭을 잘라서 먹을 때 예수님은 그들을 옹호하셨고, 안식일에 병든 사람도 고치셨습니다. 규정으로만 따지면 안식일을 범한 것입니다. 바리새인들이 보기에는 이 예수야말로 율법의 파괴자였습니다. 그들이 예수님을 십자가에 못박은 이유도 스스로 하나님의 아들이라고 했기 때문입니다. 율법을 어겼다는 것입니다.

그러나 예수님은 크고 첫째 되는 계명으로 "네 마음을 다하고 목숨을 다하고 뜻을 다하고 힘을 다하여 주 너의 하나님을 사랑하라", 둘째, "네 이웃을 네 자신과 같이 사랑하라"라고 말씀하셨습니다(막 12:28-31). 그러니까 계명의 핵심, 곧 죄짓지 않는 동기는 '사랑'이라고 말씀하신 것입니다. 반면에 바리새인들은 차디찬 율법의 몽둥이를 들고 다니다가 율법을 조금이라도 어기는 사람을 보면 무자비하게 매질하고 죽이는 것을 하나님의 일이라고 생각했습니다. 사랑을 잃어버린 것입니다. 똑같이 죄짓지 말자는 것이지만 너무 큰 차이가 있는 것입니다. 이런 사람을 율법주의자라고 합니다. 이런 사람이 되면 큰일입니다.

죄냐 아니냐의 기준

간음하다가 현장에서 붙잡혀온 여인은 율법에 따라 돌에 맞아 죽어야 마땅합니다. 그러나 예수님은 그들에게 죄 없는 자가 먼저 돌로 치라고 하시며 그 여인을 살려주셨습니다. 율법대로라면 죽여야 하지만 하나님의 진짜 뜻은 살리시는 것입니다.

나도 너를 정죄하지 아니하노니 가서 다시는 죄를 범하지 말라 요 8:11

죄짓지 않으려고 애쓰는 것은 귀하지만, 죄지은 사람을 벌레 보듯 하고 그를 정죄하는 것은 더 무서운 죄임을 알아야 합니다.

어찌하여 형제의 눈 속에 있는 티는 보고 네 눈 속에 있는 들보는 깨닫지 못하느냐 마 7:3

우리는 참 이상합니다. 내가 받은 용서는 너무 당연하면서 다른 사람이 용서받았다는 사실은 왜 받아들이지 못할까요? '무엇이 죄인가' 하는 것은 대단히 중요합니다. 그러나 잘못하면 율법주의에 빠져 무서운 사람이 되고 맙니다. 우리는 죄를 짓지 않아야 하지만 사랑을 놓쳐버린다면 아무것도 아니라는 사실을 명심해야 합니다. 그렇다면 이것이 죄인지 아닌지는 무엇을 보고 판단합니까? 사랑을 가지고 판단해야 합니다. "예수님이라면 어떻게 하셨을까?", "이것이 사랑인가?" 이것이 가장 중요한 기준입니다.

예수님이 누가복음 10장에서 선한 사마리아인 이야기를 하셨습니다. 한 제사장이 강도를 만나 매 맞고 쓰러진 사람을 그냥 지나쳤습니다. 그런데 거기에는 이유가 있습니다. 제사장이 시체를 만졌다가는 부정한 몸이 되어 제사를 집례하지 못합니다. 그러니 제사를 드리러 가는데 길에 쓰러진 사람이 죽었는지 살았는지도 모르면서 괜히 그 사람을 도와주려다가 시체를 만지는 죄를 범하게 될까 봐 그냥 간 것입니다. 그런데 그 제사장이 간과한 것이 무엇입니까? 그가 법은 잘 지켰는지 모르지만 거기에는 사랑이 빠졌습니다.

이 지극히 작은 자 하나에게 하지 아니한 것이 곧 내게 하지 아니한 것이니라 마 25:45

여러분, 죄를 짓지 않는다고 해서 완전한 사람이 되는 것은 아닙니다. 이 점을 절대 착각하면 안 됩니다. 우리는 늘 죄의 유혹을 받고, 우리의 육신은 끊임없이 우리를 충동질합니다. 완전한 사람이 어디 있습니까? 우리가 죄짓지 않는 이유는 오직 하나, 함께 계시는 예수님과의 친밀한 교제 때문입니다. 예수님을 잘 알고 늘 함께 계신 것을 아니까 육신대로 살지 않게 되는 것입니다. 죄의 유혹대로 살지 않게 되는 것입니다. 내가 육신에 이끌려 살면 주님과의 교제가 끊어지기 때문입니다.

죄에서 승리하는 사람들

다윗의 이 고백이 모든 성도의 고백입니다. 이것이 다윗의 삶이 었습니다. 다윗은 항상 하나님을 가까이 대면하고 살았습니다. 이런 사람이 어떻게 하나님이 기뻐하시지 않는 일을 하고, 하나님이 기뻐하시지 않는 말을 하며 살겠습니까? 항상 하나님과 교제하는 사람은 죄를 짓지 못하는 것입니다.

하나님께로부터 난 자는 다 범죄하지 아니하는 줄을 우리가 아노라 하나님께로부터 나신 자가 그를 지키시매 악한 자가 그를 만지지도 못하느니라 요일 5:18

물론 우리는 여전히 죄에 약합니다. 그렇지만 '하나님께로부터 나신 자'가 나를 지키시면 악한 자가 만지지도 못합니다. 하나님께로부터 나신 이가 누구입니까? 주님과의 친밀한 교제가 죄를 이기는 열쇠인 것입니다. 24시간 예수님을 바라보며 살기 위하여 예수동행일기를 쓰는 사람들은 예전처럼 죄짓지 못하게 되는 경험을 할 것입니다.

다음은 몇몇 성도들이 쓴 예수동행일기의 일부입니다.

"일기를 쓰기 시작하면서 내 안에 나도 싫어하는 기질이 너무 많은 것을 보게 되었다. 내 안에 감추고 억압하는 감정 가운데 분노, 시기, 질

투, 용서치 않음, 조급함, 음란 등 말할 수 없는 자아의 더러움이 감춰져 있다. 일기를 쓰는 동안 내 자신의 초라함만이 드러난다.

지난 두 달여의 일기는 약한 나를 확인하는 시간이었다. 일기를 쓰며 나를 포장하는 것을 포기했다. 내 안에 하나님의 형상이 아닌 것을 다 드러내고 다시 시작하는 마음이다.

나로서는 될 수 없기에 예수님으로 해야 한다. '하나님이 이르시되 우리의 형상을 따라 우리의 모양대로 우리가 사람을 만들고'(창 1:26). 지금의 나는 하나님의 형상을 온전히 누리지 못하고 있다. 그러나 실패한 일기를 계속 쓰다보면 반드시 예수님께서 하나님의 형상을 이루어 주실 것이다."

"10일 만에 다시 쓰는 일기이다. 지난 10일을 돌아보니 영적으로 하나님과 얼마나 멀어졌는지 느낀다. 조금만 흐트러져도 예전처럼 생각하고 예전의 내 모습으로 아무렇지 않게 돌아가니 더욱 나를 쳐서라도 주님을 바라봐야겠다."

"교통 체증이 심했다. 다른 때 같으면 짜증을 냈을 텐데, 오늘은 찬양을 들으며 운전하는 시간이 길어져 오히려 감사했다. 예수님이 나와 함께하신다는 생각만으로도 마음이 훨씬 가벼워짐을 느낀다."

"저녁 늦게 퇴근해 가정예배를 인도하는데 아이들이 심하게 짜증을 부렸다. 자기들은 그 시간에 공부를 하겠다, 할 일이 많다고 했다. 순간 화가 났지만, '예수님, 여기서 제가 화내면 사탄에게 지는 거지요?' 하고 바로 주님의 마음을 품어본다. 아이들을 좋은 말로 달래고 말씀을 읽고 묵상하고 기도했다. '주님, 저희 가정에 축복의 선물로 주신 이 아이들이 주님을 인격적으로 만나기를 원합니다. 예배를 방해하고 어린 영혼을 미혹하는 악한 영의 궤계를 파하시고 삶의 우선순위가 하나님께 드리는 예배에 있음을 이 아이들이 깨닫게 하소서.' 민수기 6장 말씀으로 축복하고 가정예배를 마무리했다. 하루의 마지막을 주님께 영광 돌리는 것으로 마치게 하심에 감사드린다."

여러분, 주님과 친밀한 교제가 시작되면 죄짓는 것은 지옥의 고통입니다. 그래서 죄를 피하게 되는 것입니다. 이것이 바로 참 경건입니다. 그리스도인이 죄를 지을 수 없는 이유입니다.

2

| 시편 18편 1-19절 |

지금도
하나님의 권능을
볼 수 있는가?

저는 목사의 아들로 자라 저 또한 목사가 되었지만, 목회자가 되기 전에 제 믿음은 정말 부끄러울 정도로 형편없었습니다. 어려서부터 성실하고 어른들의 말을 잘 들어서 사람들은 제가 믿음이 좋은 줄 알았지만, 그것은 저의 인간적인 성실함이자 성품일 뿐이었습니다. 하나님에 대한 확신 때문이 아니었습니다. '하나님은 정말 지금도 살아 역사하실까?' 솔직히 믿어지지 않았습니다.

성경 속 하나님은 기적을 행하시는 놀라운 분이었지만, 실제 제 삶에는 하나님이 하신 일이라고 고백할 만한 일이 없었습니다. '하나님은 왜 성경에서만 역사하시고, 내 삶에서는 역사하지 않으실까?' 이런 의구심이 들었습니다. 가끔이라도 하나님께서 우리의 삶에 그분의 살아 계심을 드러내시고 권능을 행하신다면 전도하기가 얼마나 쉽겠습니까? 그런데 하나님은 왜 그렇게 안 하실까요?

저는 한동안 이 부분이 굉장히 답답했고, 영적으로 갈등하며 방황하는 시간을 보냈습니다. 그런 제가 시편 18편 말씀을 나누는 것이 왠지 부끄럽지만, 동시에 그런 저였기에 "주님이 하셨다"는 것이 더욱 분명하게 드러날 수 있겠다는 생각이 듭니다.

시편 18편

다윗이 만난 그 하나님

시편 18편은 누구나 한 번쯤 들어보았을 만한 다윗의 고백이 담겨 있습니다.

나의 힘이신 여호와여 내가 주를 사랑하나이다 시 18:1

이 시편은 다윗이 모든 대적으로부터 구원을 받고 사울 왕의 손에서 완전히 벗어난 날에 하나님이 행하신 놀라운 구원의 능력을 찬양한 노래입니다.

여호와는 나의 반석이시요 나의 요새시요 나를 건지시는 이시요 나의 하나님이시요 내가 그 안에 피할 나의 바위시요 나의 방패시요 나의 구원의 뿔이시요 나의 산성이시로다 시 18:2

다윗은 하나님을 반석, 요새, 건지시는 이, 피할 바위, 방패, 구원의 뿔, 나의 산성이라고 고백합니다. 그만큼 다윗은 실제로 하나님의 엄청난 구원의 역사를 경험했습니다.

내가 환난 중에서 여호와께 아뢰며 나의 하나님께 부르짖었더니 그가 그의 성전에서 내 소리를 들으심이여 그의 앞에서 나의 부르짖음이 그의 귀에 들렸도다 이에 땅이 진동하고 산들의 터도 요동하였으니
시 18:6,7

다윗은 하나님을 향해 구원의 기도를 올렸고, 하나님은 놀랍게 응답하셨습니다.

여호와께서 하늘에서 우렛소리를 내시고 지존하신 이가 음성을 내시며 우박과 숯불을 내리시도다 시 18:13

저도 다윗이 만난 하나님을 경험하고 싶었습니다. 그래서 이렇게 기도했습니다. "하나님, 성경에 나오는 하나님을 저도 경험하게 해주세요. 그래서 하나님을 전하고 설교할 때 확신을 주세요. 성도들도 그런 경험을 하게 해주세요. 안 믿는 사람들을 전도할 때 역사해주세요." 그러면 사람들이 다 복음을 받아들이지 않겠습니까?

그런데 이것이 저의 영적 갈망이면서 동시에 영적 좌절이기도 했습니다. '왜 내 삶에서는 권능의 하나님을 경험하지 못하는 것일까?' 여러분 중에 혹시 저처럼 '하나님을 진짜 믿어야 하나?' 고민하는 분, 교회를 다녀도 아직 분명하게 하나님을 믿는다고 할 수 없는 분들이 계십니까? 그렇다면 의심 많고 확신이 없던 제가, 하나님께서 지금도 놀라운 권능을 행하시는 분임을 믿게 된 과정을 말씀드릴까 합니다.

하나님의 권능과 은혜의 바다

하나님은 정말 놀라우신 분입니다. 그 하나님께서 '지금 내 삶에는 역사하시지 않는 것 같다'고 생각되는 것은 영적인 눈이 열리지 않아서 그런 것입니다. 하나님께서는 다윗이 경험한 것보다 더 놀랍게 우리의 삶에 구원의 역사와 놀라운 권능을 베풀어주십니다. 우리는 엄청난 하나님의 능력과 영광 안에 살고 있습니다. 단지 바닷속에 사는 물고기가 바다가 어떤 것인지 알 수 없듯이, 우리가 하나님의 권능이 충만하고 놀라운 은혜 안에 살면서도 그것을 깨닫지 못할 뿐입니다.

한번은 교통사고로 하반신이 마비된 성도를 심방한 적이 있습니다. 사고를 당하기 전까지 그는 자신을 복이 없는 사람으로 여기며 살았고, 불평과 원망이 많았다고 합니다. 그런데 하반신이 마비되어 다른 사람의 도움을 받으며 살아야 하는 처지가 되어보니 자기가 복이 없다고 불평하고 원망하던 그때가 얼마나 큰 하나님의 은혜 안에 있었는지가 깨달아졌다고 합니다. 마음대로 걸어다닐 수 있다는 것이 얼마나 놀라운 은혜였는지 그제야 눈을 뜨게 된 것입니다.

처음에는 "하나님, 교통사고 이전으로 돌아가게만 해주신다면 늘 찬송하고 감사하며 살겠습니다"라고 기도했지만, 지금은 아니라고 합니다. 하반신이 마비되었는데 무슨 기쁨이 있고 감사가 있겠습니까? 그런데 하나님은 교통사고가 나기 이전이나 지금이나 부어주시는 은혜가 여전히 많다는 사실을 깨닫게 해주셨다고 합니다.

교통사고가 나던 날 자신의 생명을 즉시 거둬가지 않으신 것을 원망했지만, 지금은 하나님 앞에 갈 준비를 할 수 있어서 너무 감사하고, 여전히 두 손을 마음대로 쓸 수 있고, 사랑하는 가족과 얼마든지 대화를 나눌 수 있음에 감사하다고 고백합니다. 자녀들에게 믿음의 유산을 물려줄 시간을 주셨다고 좋아합니다. 그날 심방을 갔다가 도리어 제가 큰 은혜를 받고 돌아왔습니다. 이렇듯 하나님의 은혜가 사라진 다음에야 우리가 얼마나 놀라운 하나님의 은혜 아래서 살았는지를 깨닫는 것이 안타까울 따름입니다.

우리에게 넘치는 십자가의 은혜

다윗은 이 시편에서 하나님의 구원에 감사하고 감동했습니다. 그런데 우리가 받은 구원의 은혜와 역사는 사실 더 놀라운 것입니다. 그것은 바로 우리에게 넘치는 '십자가의 은혜'입니다. 어떤 분들에게는 십자가의 은혜가 대적의 손에서 구원받은 다윗보다 더 감격스럽다고 느껴지지 않을 수 있겠습니다. 그러나 십자가의 구원, 십자가의 은혜를 정확히 알아야 합니다. 십자가의 은혜는 지옥에 갈 수밖에 없는 처지였던 우리가 천국에 가는 자요, 하나님의 자녀가 되게 하는 은혜입니다. 누가 더 큰 은혜를 받은 것입니까? 다윗인가요? 우리인가요? 우리가 십자가의 은혜로 얻는 구원은 죽을병에서 살려주신 것, 망할 형편에서 건져주신 것, 시험에 합격하게 해주신 것과는 비교가 안 되는 일입니다.

다윗은 시편 18편에서 자신이 구원받은 것에 감격해했습니다.

이것은 다윗 개인의 구원 이야기이기도 하고, 넓게 보면 이스라엘 백성들이 대적의 손에서 건짐 받은 이야기입니다. 그런데 십자가의 은혜는 전 인류를 구원하는 능력입니다. 온 인류에게 허락하신 하나님의 은혜입니다. 십자가로 인하여 구원의 문은 누구에게나 열려 있습니다. 예수님을 믿고 싶은데 거절당한 사람을 보셨습니까? 교회는 누구나 올 수 있는 곳입니다. 십자가의 은혜는 구원받은 모든 성도들 위에 충만하게 덮여 있습니다. 지금 우리가 그 은혜를 누리고 있습니다.

물이 바다를 덮음같이 여호와의 영광을 인정하는 것이 세상에 가득함이니라 합 2:14

하박국이 이 말씀을 선포할 때만 해도 "과연 이런 역사가 일어날 수 있을까?", "온 세계 모든 사람이 하나님의 영광을 인정하는 일이 일어날 수 있을까?" 믿기지 않는 예언이었을 것입니다. 그러나 오늘날 이 말씀이 그대로 다 이루어졌습니다. 하나님의 권능과 영광이 온 세상 모든 나라, 모든 사람, 모든 땅과 바다 위를 덮고 있습니다. 전 세계 모든 나라와 족속에 십자가의 복음이 증거되고 있습니다. 지금이 바로 은혜의 때입니다.

어느 신학교의 설교학 교수님이 학기 초가 되면 학생들을 데리고 공동묘지를 찾곤 한다는 말을 들었습니다. 그리고 무덤을 바라보면서 "여기 묻힌 시체가 벌떡 일어날 만한 생명의 메시지를 전해보십시오"라는 과제를 내준다는 것입니다. 처음에는 당황스러워 어색한 웃음을 짓던 학생들이 진지한 교수님의 태도에 잠시 후 마음을 가다듬고 설교하기 시작합니다. 무덤을 향해, 뼈만 남은 시신을 향해 대체 무슨 말씀을 전해야 할지 망설이다가 도전하는 마음으로 "생기야, 사방에서부터 불어와 이 죽임을 당한 자에게 불어서 살아나게 하라", "나사로야 나오라" 이렇게 외치기도 했습니다. 물론 시신이 살아나 일어서는 일은 벌어지지 않았습니다. 모든 과제를 실시한 후 교수님은 신학생들에게 이렇게 권면했습니다.

"앞으로 설교할 때 오늘 공동묘지에서 설교했던 이 경험을 잊지 마세요. 항상 이와 같은 상황임을 명심하기 바랍니다. 여러분은 생명의 말씀, 능력의 말씀을 전해야 합니다. 여러분이 설교할 때 죽은 자가 살아나는 말씀을 전해야 합니다. 묘지에 누운 시신들만 죽은 것이 아닙니다. 영적으로 죽은 사람이 더 심각합니다. 그들은 영원한 지옥에 갈 것입니다. 죽어 있는 그 영혼에게 하나님의 생명의 말씀을 전해주십시오. 그들이 생명의 말씀을 듣고 믿으면 죽었던 영혼이 살아나 지옥에 가지 않고 영생을 얻게 되는 것입니다."

여러분, 우리가 전하는 십자가의 복음은 죽은 영혼들을 살아나게 하는 하나님의 능력입니다. 이것을 전도할 때 경험합니다. 사람이 생각할 때 어설퍼 보이는 그 복음이 생명의 복음이요 능력의 복음입니다. 죽어서 지옥에 갈 수밖에 없는 영혼이 말씀을 듣고 살아나는 역사, 이것이 복음의 영광입니다. 이보다 더 놀라운 하나님의 권능이 어디 있겠습니까?

시편 18편

십자가의 도가 멸망하는 자들에게는 미련한 것이요 구원을 받는 우리에게는 하나님의 능력이라 고전 1:18

우리 안에 하나님의 능력이 있습니다. 그것은 '십자가의 도'입니다. 많은 사람이 하나님의 기적을 체험하면 하나님의 말씀대로 살 수 있으리라 생각합니다. 그래서 기적을 통해 하나님의 살아 계심을 알고 싶어 합니다. 그러나 그것은 몰라서 하는 말입니다.

하나님이 내 안에 계신 진짜 기적

금요성령집회 때 한 청년이 간증을 했습니다. 그는 육군 장교로 복무하다가 수류탄 폭발 사고로 눈과 얼굴을 다쳤습니다. 병원에서 응급 수술을 했지만 의사가 실명하게 될 것이라 진단했을 정도로 눈 상태가 좋지 않았습니다. 그런데 하나님의 기적적인 역사로 시력을 되찾았습니다. 그는 퇴원 후 아무리 바빠도 새벽기도와 금요예배에 빠지지 않겠다고 다짐했습니다. 자신의 삶에 놀라운 기적이 일어나면 누구나 이런 결단을 하게 될 것입니다.

그 후 청년은 남들이 부러워할 만한 좋은 직장에 들어갔습니다. 그러던 어느 날 직장 회식 자리에 참석했다가 노래를 불렀는데 사람들의 반응이 너무 뜨거웠습니다. 그리고 집으로 돌아오는데 가슴 한구석이 뻥 뚫린 것 같은 공허한 마음이 들었다고 합니다. 자기 마음에 주님이 계시지 않는 것 같은 생각이 들었습니다. 비참할 만큼 답답한 가슴을 붙잡고 자기도 모르게 이런 기도를 하게 되었다고 합니다. "이런 삶이라면, 이런 성공이라면 차라리 앞을 보지 못하던 그때가 더 나았을 것 같습니다."

이렇듯 기적은 우리를 진정으로 변화시키지는 못합니다. 그러므로 "하나님의 권능과 기적을 보고 나면 달라질 거다", "하나님이 내게 살아 계심을 보여주지 않으니까 말씀대로 살 용기를 내지 못하는 거다"라는 생각은 큰 착각인 것입니다. 아무리 놀라운 하나님의 역사와 기적을 체험하더라도 우리는 크게 달라지지 않습니다.

우리가 정말 붙잡아야 할 진짜 기적은 따로 있습니다. 그것은 주님이 자기 안에 거하시는 것입니다. 우리는 평생 하나님을 겨우 한두 번 경험하는 것이 아닙니다. 십자가 복음의 영광이 놀라운 것은 항상 함께하시는 주님에 대해 우리의 눈을 열어주기 때문입니다. 성자 예수님은 사람의 몸을 입고 이 땅에 오셔서 우리를 위해 십자가에 죽으시고 사흘 만에 부활하셨습니다. 그러나 그것이 끝이 아닙니다. 예수님은 승천하신 후에 성령으로 우리 마음에 오셨습니다.

한 번 오신 사건이 아닙니다. 우리 마음에 오신 주님은 이제 우리와 항상 함께 계시는 것입니다. 이 사실을 정말 믿을 때 우리의 삶이 바뀌게 됩니다. 한 번의 성령 체험이나 기적이 우리의 인생을 바꾸는 것이 아닙니다. 진짜 기적이 무엇인지를 알아야 합니다. 하나님의 권능을 지금 어디에서 볼 수 있습니까? 그리스도인들의 마음에서 볼 수 있습니다. 저와 여러분의 마음에 하나님의

시편 18편

놀라운 권능이 나타나 있지 않습니까? 우리 안에 성령 하나님께서 와 계십니다. 믿기지 않는 역사입니다. 하나님께서 우리 마음에 오셨습니다.

권능의 증인이 된 다윗

《래디컬》(두란노)의 저자 데이비드 플랫 목사님이 인도네시아 불교 사원에서 불교 승려와 이슬람 종교 지도자와 함께 종교 간의 대화 를 나누었다고 합니다. 그때 불교 승려와 무슬림 지도자 모두 모든 종교는 근본적으로 비슷하며 표면적인 종교 행위나 교리적인 차이 가 있을 따름이라는 견해를 말했고 이에 플랫 목사님이 이렇게 질 문했다고 합니다.

"두 분 말씀을 요약해보면 이 산 정상에 한 하나님이 계시는데, 그 하나님께 다다르는 길만 불교, 이슬람교, 기독교가 다를 뿐이 라는 말씀이시지요?" 그러자 다들 환히 웃으며 "맞습니다. 바로 그 말입니다"라고 하더랍니다. 플랫 목사님은 정색을 하고 그들에게 다시 이렇게 물었습니다.

"그러면 한 가지 질문이 있습니다. 산꼭대기에 계시던 하나님이 지금 이곳까지 내려오셨다면 어떨 것 같습니까? 인간들이 저마다 길을 찾아 그분에게 다가가는 것이 아니라 하나님께서 한 사람 한 사람을 찾아오셨다면 어떻게 될까요?"

둘은 잠시 생각하더니 입을 모아 "그렇다면 진짜 놀랄 만한 일이

군요"라고 말했답니다. 플랫 목사님이 그 기회를 놓치지 않고 "그렇게 하신 예수님을 소개해드릴까요?"라고 하셨다는 것입니다. 이것이 복음입니다. 사람들이 하나님을 찾고 진리를 찾아서 노력하는 것이 '종교'라면 하나님께서 직접 우리를 찾아오신 것이 복음입니다. 이 일이 저와 여러분에게 이루어졌습니다.

하나님이 사람의 몸으로 오시고 십자가에 죽으시고 부활하시고 성령으로 우리 마음에 오신 것이야말로 가장 놀라운 기적이요 능력입니다. 우리는 지금 믿어지지 않는 그 기적을 누리며 살고 있습니다. 여러분, 이것을 깨달을 때부터가 진짜 시작입니다. 죽을병에서 살아나고 빚더미에서 건짐 받는 것은 한순간에 끝납니다. 그러면 다시는 죄짓지 않고 하나님의 뜻대로 살 줄 압니까? 그것은 자기 자신을 몰라서 하는 이야기입니다. 늘 나와 함께 계시는 하나님을 아는 눈이 뜨여야만 비로소 내 인생에 진짜 변화가 일어납니다.

다윗이 소년 목동이었을 때 거인 장수 골리앗을 쓰러뜨린 사건은 너무 유명합니다. 다윗이 어떻게 그런 믿음을 가질 수 있었을까요? 다윗은 자신이 그런 믿음을 갖게 된 배경에 대해 스스로 설명했습니다(삼상 17:34-37).

소년 다윗은 들판에서 양을 물어가는 사자와 곰과 싸우며 하나님이 자신과 함께하심을 알았습니다. 한번 생각해보세요. 소년 다윗이 사자와 곰을 상대로 싸웠다는 것도 대단한 일입니다. 그런데 곰과 사자가 양을 물어가는데 어지간하면 버려두고 말지, 어떻게 그것을 쫓아가서 뺏어올 생각을 했을까요? 다윗이 어떻게 그런 믿음을 가졌을까요? 잠시 상상력을 발휘해보면 좋겠습니다.

어린 다윗이 아버지의 명에 따라 목동이 되었습니다. 양을 치며 들판에서 혼자 잠을 잤습니다. 부모와 형제들을 떠나 짐승 소리가 들리는 들판에서 처음으로 혼자 잠을 자던 날 다윗이 얼마나 무서웠겠습니까. 캄캄한 밤하늘 아래 어쩌면 다윗은 아버지에게 들은 하나님에 대한 말씀을 기억하며 기도했을 것입니다. 애굽에서 우리 민족을 구원해내신 하나님, 우리는 그 하나님이 택한 백성이고, 하나님은 우리를 사랑하고 지키시고 구원해주시는 하나님이시라는데, 그 하나님께 기도하지 않았겠습니까?

"하나님, 무섭습니다. 저 혼자 여기서 자야 합니다. 아버지도 형들도 다 떠났어요. 그러나 하나님이 계신다고 들었습니다. 하나님, 저와 함께 계시지요? 이 밤에 저를 지켜주세요. 저와 함께해주세요."

내가 여호와를 항상 내 앞에 모심이여 그가 나의 오른쪽에 계시므로 내가 흔들리지 아니하리로다 시 16:8

이 시편의 고백에 따르면 다윗이 언제부터 하나님을 자기 앞에 모셨을까요? 들판에서 처음으로 혼자 잠을 청해야 했을 때가 아닐까요? 하나님께서 홀로 된 자신을 지켜주셨다는 것을 깨닫고, 다윗은 그때부터 하나님이 함께하시면 아무것도 무서울 게 없다는 것을 배웠을 것입니다. 그런데 어느 날 사자와 곰이 나타나 양을 물어가니 소년이 얼마나 무서웠을까요? 그렇지만 다윗은 아버지가 맡긴 양을 한 마리도 잃어버리고 싶지 않았습니다. 그때 다윗이 기도하지 않았을까요? 다윗은 캄캄한 밤, 무서운 밤에 자기를 지켜 인도해주신 하나님을 찾았습니다. "하나님, 곰과 사자가 제 양을 물고 갑니다. 하나님, 절대로 포기할 수 없어요. 양을 찾아야겠어요. 제가 사자와 곰을 이기게 도와주세요. 저와 함께해주세요." 그리고 그는 담대하게 사자와 곰을 쫓아가 그것들을 쳐죽이고 자기 양을 찾아왔습니다. 그렇게 다윗은 믿음이 더욱 자랐을 것입니다. 그래서 거인 장수 골리앗을 보았을 때도 조금도 두렵지 않았습니다. 그리고 다음과 같은 아주 유명한 고백을 했습니다.

너는 칼과 창과 단창으로 내게 나아 오거니와 나는 만군의 여호와의 이름 곧 네가 모욕하는 이스라엘 군대의 하나님의 이름으로 네게 나아가노라 삼상 17:45

다윗이 하나님의 놀라운 권능의 증인이 될 수 있었던 것은 항상 그와 함께하시는 하나님을 믿었기 때문입니다. 그 믿음이 더 쌓여 나중에는 믿음의 담대함을 얻었습니다. 여러분, 저와 여러분 모두 이 믿음을 가지고 있습니다. 우리는 세상을 이길 완전한 복음을 받았습니다. 예수 그리스도께서 우리와 함께하십니다. 이 사실을 진짜 믿으시기 바랍니다. 이것은 놀라운 진리입니다. 나는 죽고 예수로 살고, 성령이 내 마음에 오셔서 항상 함께하시고, 오늘 우리를 여기까지 인도하셨습니다. 이것으로 이미 충분한 것입니다.

5분 이상 예수님을 잊지 마라

제주도에 갔다가 이기풍 목사님의 기념관에 들렀습니다. 이기풍 목사님은 한국 장로교회에서 최초로 목사 안수를 받은 일곱 분의 목사님 중 한 분입니다. 특히 제주도 선교에 대한 소명으로 제주도에 복음의 씨를 뿌리고 일제의 신사참배를 거부하다가 순교하신 분입니다. 기념관에 눈에 띄는 자료가 하나 있었는데, 이기풍 목사님의 아내 윤함애 사모님이 자녀들에게 남긴 유언장이었습니다. 첫마디에 이렇게 쓰여 있었습니다.

"5분 이상 예수님을 잊지 마라."

윤함애 사모님도 남편이 선교하다가 순교했으니 얼마나 고난이 많았겠습니까? 그런데 그 어려운 세월을 보내고 난 뒤 자녀들에게 물려줄 신앙의 유산이 5분 이상 예수님을 잊지 말라는 것이었습니다. 그것으로 충분하기 때문에 그렇게 말씀하신 것이 아니겠습니까?

선한목자교회에 담임목사로 처음 부임했을 때 저는 굉장히 두려웠습니다. 당시 예배당 건축이 중단된 상태였고 빚도 너무 많았습니다. 건축을 마무리하려면 막대한 재정이 필요한데 교인 수는 적었습니다. 많은 교인들이 교회를 떠나갔기 때문에 당연히 일꾼들도 부족했습니다. 그때 '교인도 많고 재정도 풍부하고 예배당 건축도 마무리되면 하나님을 위하여 더 많은 일을 할 수 있을 텐데?' 라는 생각으로 마음이 힘들었습니다.

　돌아보면 그 생각은 아찔할 만큼 잘못된 사고방식이었습니다. 저와 함께하시는 주님을 온전히 바라보는 눈이 열리지 않았던 것입니다. 나는 죽고 예수로 사는 십자가의 영광과 항상 함께하시는 예수님을 바라보는 눈이 뜨인 후에야 제가 정말 문제가 많은 사람이었음을 깨달았습니다. 하나님의 역사는 함께 계시는 주님을 바라보는 데서부터 오는 것입니다. 모든 일은 전적으로 주님이 하시는 일입니다. 교인 수나 은사나 재능, 교회가 가진 자원이 없어도 하나님은 얼마든지 놀라운 일을 하십니다. 지금은 오히려 우리가 재정과 교인 수와 건물을 의지하게 될까 두렵습니다. 하나님이 우리 안에 주신 놀라운 축복과 기적은 예수 그리스도께서 우리를 구원해주셨을 뿐만 아니라 우리와 함께 계신 것입니다.

　내가 진실로 진실로 너희에게 이르노니 나를 믿는 자는 내가 하는 일을 그도 할 것이요 또한 그보다 큰일도 하리니 이는 내가 아버지께로 감이라 너희가 내 이름으로 무엇을 구하든지 내가 행하리니 이는 아버지로 하여금 아들로 말미암아 영광을 받으시게 하려 함이라 내 이름으로 무엇이든지 내게 구하면 내가 행하리라 요 14:12-14

　얼마나 놀라운 약속의 말씀입니까? 우리가 예수님이 하시는 일을 하고 그보다 큰일도 하리라 말씀하십니다. 그것은 예수님이 우리와 함께하시기 때문에 가능한 것입니다. 예수님이 우리와 함께하시고 친히 우리를 통해 일하실 것이기 때문입니다. 이것이 지금우리에게 주어진 하나님의 놀라운 축복이고 주님의 뜻입니다.

> 내가 찬송 받으실 여호와께 아뢰리니 내 원수들에게서 구원을 얻으리로다 시 18:3

> 내가 환난 중에서 여호와께 아뢰며 나의 하나님께 부르짖었더니 그가 그의 성전에서 내 소리를 들으심이여 그의 앞에서 나의 부르짖음이 그의 귀에 들렸도다 시 18:6

조지 뮬러 목사님은 만 명이 넘는 고아들을 먹이고 살렸습니다. 목회도 하셨지만, 고아원 사역으로 더 알려져 있습니다. 그가 고아원을 열기로 작정했을 때 그는 아무에게도 도움을 구하지 않고 오직 기도만 했습니다. 기도만 하고 하나님을 믿으면 그분이 우리를 먹이고 살리신다는 것을 교인들에게 보여주고 싶었기 때문입니다. 그리고 그것을 일기로 써서 남겼습니다. 왜 이런 수고를 했을까요? 하나님은 지금도 살아 계시고 우리의 기도에 응답하시는 것을 교인들에게 분명히 믿게 해주고 싶어서입니다. 그렇다면 조지 뮬러 목사님은 어떻게 그런 믿음을 가질 수 있었을까요? 나는 죽고 예수로 사는 십자가 복음의 영광과 항상 함께 계시는 주님을 알았기 때문입니다.

우리는 이미 기적의 한복판에 있음을 알아야 합니다. 우리 안에 하나님의 권능이 임했습니다. 우리 안에 함께 계시는 예수님을 바라보는 믿음의 눈이 온전히 열리기를 축복합니다. 십자가를 바라보면서 우리에게 언제나 충만한 하나님의 권능을 바라보시기를 축원합니다.

3

과연
거듭난 삶을
살 수 있을까?

어느 교회에 부흥회를 인도하러 갔다가 숙소와 교회를 오가며 운전해주신 집사님의 간증을 듣고 은혜받은 일이 있었습니다. 그 집사님이 예수님을 믿기 전에는 아들과의 관계가 매우 어려웠다고 합니다. 중3 아들이 아버지와 마주치지 않으려고 거실에 있다가 아버지가 집에 오면 자기 방에 들어가버리고, 아버지가 안방으로 들어가면 그제야 거실로 나오더랍니다.

그런데 집사님이 예수님을 영접한 후, 어느 날 거실에서 잠깐 잠이 들었는데, 누가 자기를 안고 있길래 봤더니 아들이었답니다. 자기를 끌어안고 자고 있는 아들을 보자 눈물이 왈칵 쏟아졌고, 그동안 아버지에게 안기고 싶고 대화하고 싶었던 아들의 심정이 어땠을까 생각하니 너무 미안하고, 자신을 아버지로 받아주는 아들이 고마워 울었다고 합니다.

다윗, 강하고 담대해지다!

여러분, 예수를 믿으면 사람이 바뀌고 삶이 바뀝니다. 죄의 종 노

시편 18편

릇하던 사람이 죄를 이기고 주위 사람들을 사랑하며 하나님의 말씀대로 사는 사람이 됩니다. 이것이 예수 그리스도 안에서 우리를 향하신 하나님의 계획입니다.

다윗의 시편을 읽다보면 다윗이 어쩌면 저렇게 담대할 수 있는지 감탄하게 됩니다. 사람들이 자기를 모함하고 거짓으로 말해도 두려워하지 않았습니다. 죽을 것 같은 위기와 시련을 만나도 강하고 담대했습니다.

나의 힘이신 여호와여 내가 주를 사랑하나이다 시 18:1

다윗이 정말 하나님을 믿었던 것입니다. 그의 기도에 그의 마음이 잘 드러납니다.

내가 환난 중에서 여호와께 아뢰며 나의 하나님께 부르짖었더니 그가 그의 성전에서 내 소리를 들으심이여 그의 앞에서 나의 부르짖음이 그의 귀에 들렸도다 시 18:6

다윗은 하나님께서 자신의 기도를 들으시고 이루실 줄 믿었습니다. 그리고 담대히 대적을 향해 싸우러 나갔습니다. 하나님이 자신을 붙들어주시고 지켜주신다는 확신이 있었기에 다윗은 상황이 어떠하든, 누가 뭐라 하든지 흔들리지 않았습니다.

내가 주를 의뢰하고 적군을 향해 달리며 내 하나님을 의지하고 담을 뛰어넘나이다 하나님의 도는 완전하고 여호와의 말씀은 순수하니 그는 자기에게 피하는 모든 자의 방패시로다 시 18:29-30

다윗이 이처럼 담대할 수 있었던 것은 다윗 자신이 하나님의 말씀대로 살고 있었기 때문입니다.

이는 내가 여호와의 도를 지키고 악하게 내 하나님을 떠나지 아니하였으며 그의 모든 규례가 내 앞에 있고 내게서 그의 율례를 버리지 아니하였음이로다 또한 나는 그의 앞에 완전하여 나의 죄악에서 스스로 자신을 지켰나니 그러므로 여호와께서 내 의를 따라 갚으시되 그의 목전에서 내 손이 깨끗한 만큼 내게 갚으셨도다 시 18:21-24

하나님의 말씀대로 사는 자의 기도는 다릅니다. 담대합니다.

의인의 간구는 역사하는 힘이 큼이니라 약 5:16

말씀대로 사는 자의 담대한 기도

기도한다고 누구에게나 다윗과 같은 담대함이 생기는 것은 아닙니다. 죄인들도 기도는 합니다. 그러나 그들의 기도에는 확신도 없고 담대함도 없습니다.

그들이 부르짖으며 구하여 줄 자 있을지라도 구원할 자 없었고 그들에게 대답하시는 이가 없었나이다 시 18:41

　왜냐하면 그들이 하나님의 말씀대로 살지 못하기 때문입니다. 그들도 급할 때는 하나님께 기도하지만, 하나님은 그들의 기도를 전혀 듣지 않으십니다. 여러분, 병든 자가 고침을 받고, 죽은 자가 살아나더라도 다시 죄짓고 미워하고 싸우고 욕심내고 우울하고 분노하며 산다면, 그 기적이 하나님께 영광이 되겠습니까? 예수 믿고 우리에게 일어나는 가장 놀라운 기적은 우리가 의로워지고 사랑하며 살게 되는 것입니다. 고난을 당하더라도 죄를 안 짓고 사는, 이것이 진짜 기적입니다. "사랑만 하며 살리라." 이것이 기적입니다. 사도 바울은 고린도전서 12장 29절부터 13장에 걸쳐서 가장 큰 은사, 가장 좋은 길이 '사랑'이라고 했습니다.

　여러분, 일본에 심각한 지진(2011년 후쿠시마 동일본 대지진)이 일어났을 때 교회에서도 일본을 위해 기도하고 성금을 모았습니다. 그러다가 독도 문제로 분위기가 다시 싸늘하게 식었다는 기사를 보았습니다. 너무나 당연한 반응입니다. 그러나 예수를 믿으면 그렇지 않습니다. 예수 그리스도 안에서는 반응이 달라집니다.

　다윗의 믿음이 훌륭한 것은 그가 기도를 많이 하여 하나님의 응답을 받고 복을 받은 것이 아닙니다. 다윗은 기도하되 항상 하나님의 편에 서려고 애쓰며 기도했습니다. 다윗은 자기를 죽이러 온 사울 왕을 죽일 수 있었지만 두 번이나 그를 살려주었습니다. 다윗이 마냥 힘이 강하고 유리한 상황이 아니었기 때문에 그때 다윗이 사울을 죽였다면 아마 사울의 왕국이 무너지고 다윗이 왕이 될 수 있었겠지요. 하지만 다윗은 '이것이 하나님의 뜻인가?'를 생각했습니다. 하나님이 기름 부은 왕인데 자기 손으로 죽일 수 없다고 여겼습니다. 그래서 두 번이나 사울을 살려줍니다.

다윗이 어떻게 그렇게 할 수 있었을까요? 그가 하나님을 정말 믿고 어떤 일이 있어도 하나님의 말씀을 지켜야 한다고 생각했기 때문입니다. 그는 항상 하나님 편에 서기를 원했습니다. 자기 생각과 계획대로 하지 않았습니다. 그러면서 하나님께 기도했습니다. 이것이 다윗의 위대함입니다.

변화는 하나님이 하시는 일이다

저는 다윗의 시편을 설교하면서 전혀 예상치 못한 영적 도전을 받고 있습니다. 하나님께서 우리 모두를 다윗과 같이 세우기를 원하신다는 것입니다. 그러나 많은 그리스도인들이 하나님의 말씀대로 살지 못하고 방황합니다. 기도를 해도 다윗처럼 기도하지 못합니다. 우리가 다윗처럼 담대하게 기도하지 못하는 것은 삶이 뒷받침되지 않았기 때문입니다. 스스로를 믿지 못하는 것입니다. 그래서 기도하면서도 반드시 기도를 들으시고 이루실 거라고 확신하지 못하는 것입니다.

"하나님, 또 죄짓고 살았습니다. 하나님께 순종하지 못했습니

시편 18편

다. 하나님, 용서해주세요." 우리의 기도는 대부분 거기서 끝납니다. 다시 죄짓고 살고 다시 용서해주시기를 구하는 기도에 머무릅니다. 그런데 "하나님, 이번 한 주간은 승리했습니다. 말씀을 지켰습니다. 주님께 순종했습니다." 우리가 만약 이렇게 고백할 수 있다면 우리의 기도에 능력이 나타날 것입니다. <u>스스로 생각해도 깜짝 놀랄 만한 능력이 나타납니다.</u>

그렇지만 우리는 하나님의 말씀대로 사는 데 깊은 좌절을 겪습니다. 죄와의 싸움에서 계속 지고 삽니다. 많은 그리스도인이 자신의 삶이 변화될 것을 믿지 못합니다. 사는 날 동안은 어쩔 수 없이 죄에 끌려다니며 살다가 죽은 후 천국에 가야 바로 살 것으로 생각합니다. 아닙니다. 죽고 난 다음 변화되지 않을 사람이 누가 있겠습니까? 하나님이 살아 계신 것을 알고 지옥이 있음을 알고 난 다음 죄지을 사람이 누가 있습니까? 예수님이 십자가에 못박혀 돌아가신 이유가 우리를 거듭나게 하려 하심인데, 죽고 나서 변화된다면 예수님께서 왜 십자가를 지셨겠습니까? 예수님을 믿고 거듭나야 합니다. 죽고 난 다음에는 기회가 없습니다.

누구나 예수님을 진정으로 영접할 때 거듭나게 되고, 그 때부터 하나님의 자녀로 살고 천국 백성으로 살게 됩니다. 주님 안에서 천국 백성으로 살았으니 죽음의 문을 건너가서도 당연히 자신의 본향인 천국으로 가는 것입니다. 우리에게 필요한 것은 예수 믿으면 삶이 변화된다는 사실을 믿는 것입니다. 예수님을 믿으면 거듭나게 되어 있습니다. 변화는 하나님이 하시는 일입니다.

많은 그리스도인들이 가족과 교인들이 변화될 것을 믿지 못합니다. 그것은 자신도 변화되지 못했다고 여기기 때문입니다. 노력해도 안 된다는 것입니다. 그러나 그것은 자기 힘으로 하려니까 그런 것입니다. 변화는 노력에서 오는 것이 아니라 믿음에서 오는 것입니다. 어떤 사람도 변화될 것이라 믿어지려면 자신의 변화부터 경험해야 합니다. 나 같은 사람도 변화되었으니 다른 사람도 변화될 것이 믿어지는 것입니다. 예수 그리스도 안에서 변화된 분명한 체험이 우리에게 필요합니다.

이스라엘 백성은 하나님의 명령대로 견고한 여리고 성을 6일 동안 매일 한 바퀴씩 돌고 마지막 7일째는 일곱 번 돌았습니다. 그리고 소리를 지르자 성이 무너졌습니다. 하나님이 하신 일입니다. 또 예수님이 물 위로 걸어오시는 것을 보고 베드로가 "주여 만일 주님이시거든 나를 명하사 물 위로 오라 하소서"(마 14:28)라고 했을 때 예수님이 오라고 하셨습니다. 그러자 베드로가 배에서 내려 물 위를 걸었습니다. 주님이 하신 일입니다. 풍랑이 잔잔해진 것도, 죽은 나사로가 살아난 것도 다 주님이 하신 일입니다.

그런데 왜 거듭난 삶을 사는 것은 안 된다고 생각합니까? 왜 자신이 변화되는 것은 안 될 거라고 생각하는 것입니까? 죽은 나사로도 살리시고, 풍랑도 잔잔하게 하시고, 바다 위도 걷게 하신 주님이 아니십니까? 그 예수님이 나의 생명, 나의 주님이 되셔서 내 안에 계십니다. 그런데도 삶이 변화되지 않겠습니까? 자신의 노력으로 삶을 변화시키려 했기에 안 되는 것입니다.

우리는 본성 자체가 타락한 존재이기에 우리의 노력으로는 변화가 불가능합니다. 그러나 주님이 못 하실 일은 없습니다. 우리 힘으로는 불가능하지만, 주님은 하실 수 있습니다. 우리의 옛사람이 십자가에서 예수님과 함께 죽고, 예수님의 생명으로 살게 하심으로 거듭난 삶을 살게 하시는 것입니다.

이제는 내가 사는 것이 아니요 오직 내 안에 그리스도께서 사시는 것이라 이제 내가 육체 가운데 사는 것은 나를 사랑하사 나를 위하여 자기 자신을 버리신 하나님의 아들을 믿는 믿음 안에서 사는 것이라 갈 2:20

이것이 바로 예수를 믿는 것입니다. 다윗도 하나님께서 하나님의 힘으로 자기를 붙들고 계신다고 고백합니다.

이 하나님이 힘으로 내게 띠 띠우시며 내 길을 완전하게 하시며 나의 발을 암사슴 발 같게 하시며 나를 나의 높은 곳에 세우시며 내 손을 가르쳐 싸우게 하시니 내 팔이 놋 활을 당기도다 시 18:32-34

다윗은 하나님이 하셨다는 것을 알았습니다. 하나님의 힘이 자기를 붙들고 계심을 알았습니다. 다윗이 바르게 산 것도 전적으로 하나님이 하신 일입니다.

우리가 하나님께 무언가 구하면 우리에게 성령을 주신다는 것입니다. 우리에게 돈이 필요하고 건강이 필요한데 왜 성령을 주십니까? 문제가 해결되기를 원하는데 왜 성령을 주십니까? 돈이 생기고 건강이 회복되고 문제가 해결되는 것이 근본적인 해결이 아니기 때문입니다. 잠깐 기쁘지만 다시 문제에 사로잡히게 됩니다. 그래서 더 이상 잠시 오는 도움이나 기적에 만족할 수 없게 되는 것입니다. 우리가 진정으로 원하는 것은 "하나님이 친히 오셔서 제 안에 살며 저와 동행해주시지 않겠습니까?"라는 것입니다. 하나님이 오셔야 진정한 해결입니다.

그런데 사실 말이 안 됩니다. 천지를 지으신 전능하신 하나님께 내 마음에 오시라고 부탁하는 것은 있을 수 없는 요구일 것입니다. 어떻게 그것을 감히 구할 수 있겠습니까? 그런데 하나님께서 우리 마음에 오시기를 기뻐하시고, 구하면 성령을 보내주신다고 예수님께서 말씀하신 것입니다. 그러니까 담대하게 구하는 것입니다. 또 이미 우리 안에 성령이 오셨습니다. 성령 하나님이 우리 안에 오셨는데 우리가 어떻게 옛날처럼 살 수 있습니까? 그래서 삶이 변화되는 것입니다.

주일 아침 중고등부 아이들이 교회에 오는 모습을 보다가 서글픈 마음이 들었습니다. 대부분 얼굴에 피곤이 가득하고 거의 아무

표정이 없습니다. 여러분은 어떻습니까? 여러분은 기쁘고 충만합니까? 성령 하나님이 마음에 계시는데 왜 그렇습니까? 이제 우리가 해야 할 일이 있습니다. 십자가 복음을 들었다면 그 진리에 반응해야 합니다. 그때부터 하나님이 마음에 임하신 것을 실제로 경험하게 됩니다.

믿음의 실험들

미국 앨라배마주 버밍엄의 브룩힐즈교회를 담임했던 데이비드 플랫 목사는 스물일곱 살에 초대형교회의 담임목사가 되었습니다. 그는 《래디컬》(두란노)이라는 책에서 현대 교회가 성공을 축복으로 여기는 미혹에 빠져 있다고 지적하며 진짜 성공은 '예수님'이라고 강조합니다.

언젠가 플랫 목사님이 중국의 지하교회를 방문하고 강한 도전과 충격을 받았습니다. 그 지하교회 성도들은 생명의 위협을 무릅쓰고 먼 길을 걸어서 오거나 자전거를 타고 와서 오직 하나님의 말씀만으로 깊은 만족을 얻는 것을 보았습니다. 그들은 오직 하나님의 말씀에만 관심이 있었습니다. 음향 시스템이나 화려한 찬양이나 푹신한 의자나 냉난방 장치도 전혀 없는 지하 예배당의 맨바닥에서 3시간 넘게 말씀을 들었고, 성경을 더 가르쳐달라고 했습니다.

그가 미국의 교회로 돌아와 주일예배를 인도하기 위해 강단에 섰을 때 그의 눈앞에 펼쳐진 광경은 오페라 극장 못지않은 화려한 조명이 비추는 대강당, 값비싼 자동차를 타고 와서 모여든 교인들, 대규모 성가대와 냉난방 시설이 완비된 예배당의 푹신한 의자에 앉아 예배하는 교인들의 모습이었습니다. 그는 우리 교인들도 중국 지하교회 교인들처럼 오직 말씀만 있으면 더 바랄 것이 없다고 생각할지 마음에 회의가 들었고, 그래서 교인들에게 이렇게 선포했습니다. 금요일 저녁 6시부터 자정까지 어떤 편의시설도 없이 오직 성경 말씀을 공부하며 전 세계에 고난당하는 교회와 성도들을 위해 기도하는 모임을 열기로 하고 교인들을 초청한 것입니다.

첫 모임에 얼마나 모일지 가슴을 졸였는데, 무려 천 명이 넘는 교인들이 모인 것을 보고 플랫 목사님은 한없이 감격스러웠다고 했습니다. 이후 그는 1년 만이라도 성경대로 살아보자고 도전하며 성도들에게 다섯 가지 믿음의 실험을 제안했습니다. "첫째, 자신을 위한 기도를 뛰어넘어 전 세계를 위해 기도하라. 둘째, 성경을 처음부터 끝까지 샅샅이 읽으라. 셋째, 쓰고 남은 돈이 아니라 먼저 재정을 떼어 필요로 하는 곳에 사용하라. 넷째, 단기선교나 고아원 봉사 등 자신을 필요로 하는 곳을 찾아가 섬기라. 다섯째, 복음적인 교회에 헌신하라." 그는 이 실험으로 자신뿐 아니라 실험에 동참한 교인 모두 신앙과 인생이 뿌리째 변했음을 보고 전 세계 독자들에게 거룩한 도전을 던지는 것입니다.

많은 성도들이 어떻게 살아야 복된지 알지만 그대로 살지 않으니 문제입니다. 진리는 실제 삶으로 검증되어야 합니다. 진리가 진실이라는 것이 밝혀지면 그 진리에 맞추어 삶을 조정하기가 훨씬 쉬워지고, 진리를 삶으로 경험하고 나면 그 진리대로 살고 싶어질 것입니다. 데이비드 플랫 목사는 오늘날 박해 없이 편리한 것만 추구하는 미국 교회 교인들에게 1년 만이라도 신앙의 뿌리부터 철저히 바꿀 것을 호소했습니다. 그는 "마지막 때에 근본적이면서도 급진적인 예수 그리스도의 복음을 따라 살라"고 권면하며 "진정한 성공은 십자가에 있으며 철저히 하나님을 믿고 순종하고 헌신할 때만 가능하다"고 강조합니다.

조지 뮬러 목사님은 아무에게도 도움을 구하지 않고 오직 기도로 고아들을 먹여 살렸습니다. 허드슨 테일러 선교사는 아무것도 염려하지 않고 포도나무이신 예수님(요 15:5) 안에만 거하며 놀라운 역사를 이루었습니다. 멀린 캐로더스 목사님은 "모든 일에 감사하라"는 말씀대로 살아보려고 했고, 그래서 어떤 일이 있어도 무조건 하나님께 감사하는 기적을 이루며 살았습니다. 그리고 하나님의 산 증인이 되었습니다. 우리가 진리를 듣기만 하고 마니까 하나님께서 우리에게 행하신 엄청나고 놀라운 축복을 받고도 경험하지 못하는 것입니다.

데이비드 플랫 목사님처럼 저도 우리 교우들에게 24시간 예수님을 바라보라고 도전했습니다. 그 방법으로 예수동행일기를 써보라고 권했습니다. 예수님이 자신 안에 계신 것을 믿고 24시간 주님을 바라보는 삶을 살아보라고 했습니다. 그럴 때 하나님이 반드시 역사하십니다. 우리의 삶이 변합니다. 자신을 변화시키려고 할 때는 안 되었지만, 예수님을 바라보기만 하는데 자신이 변하는 것입니다.

거룩한 삶의 운동

우리나라 안에 거룩한 무리가 일어나야 합니다. 지금 우리는 큰 위기 가운데 있습니다. 영적으로 더욱 그렇습니다. 여러분 주위에 그리스도인들이 많이 있을 것입니다. 그런데 정말 하나님의 말씀대로 사는 사람이 누가 있습니까? 소돔과 고모라에 의인 열 명이 없어서 심판을 당했습니다. 지금이 그 때가 아닐까 하는 위기감이 느껴질 정도입니다.

> 엘리야는 우리와 성정이 같은 사람이로되 그가 비가 오지 않기를 간절히 기도한즉 삼 년 육 개월 동안 땅에 비가 오지 아니하고 다시 기도하니 하늘이 비를 주고 땅이 열매를 맺었느니라 약 5:17-18

이런 사람이 필요합니다. 엘리야와 같이 능력의 기도를 해줄 사람이 필요하고 거룩한 삶의 운동이 일어나야 합니다. 다윗이 평소에 아무렇게나 살다가 급할 때 하나님께 기도해서 응답을 받은 것이 아닙니다. 그는 자기 생명이 위태로울지라도 하나님이 기뻐하시는 뜻대로 살면서 기도했습니다. 그 거룩한 삶은 주님을 바라보는 데서 나옵니다. 여러분이 24시간 예수님을 바라보는 것만으로도 거룩한 삶으로 변화됩니다. 여러분이 예수님 안에서 진짜 변화된 삶을 경험하고 거룩한 사람이 되어야 하고, 또 한 사람이라도 더 거룩한 삶을 살게 해주어야 합니다.

우리가 거룩한 사람이 되는 것은 예수님을 바라보는 눈이 뜨일 때입니다. 한 성도가 교회 게시판에 예수동행일기를 쓴 소감을 올렸는데, 요약하면 다음과 같습니다. "제가 예수동행일기를 써보니 첫째, 그토록 원하던 변화가 일어납니다. 둘째, 삶의 우선순위가 바뀝니다. 셋째, 거짓말을 못하게 됩니다. 넷째, 성경이 삶이 됩니다. 다섯째, 놀라운 확신이 생깁니다." 하나님께서 우리에게 주신 가장 놀라운 진리, 우리 안에 오신 주님이 우리를 바꾸어놓습니다. 실제로 믿음으로 살아보면 경험하게 됩니다.

노르웨이는 인구비례로 세계에서 가장 부유하고 교육 수준이 높고 문맹률이 낮고 가장 많은 자유를 누리는 나라입니다. 또한 세계에서 가장 많은 선교사를 보내고 있습니다. 그러나 노르웨이가 처음부터 그랬던 것은 아닙니다. 노르웨이는 매우 가난한 나라였고, 대부분 국민이 문맹이었으며 다른 도시에 가려고 해도 정부의 허가가 필요할 정도로 자유가 없었습니다. 그런데 어떻게 이렇게 변했을까요?

한스 넬슨 허그(Hans Nielson Hauge)라는 사람이 스무 살 때 농장에서 일하고 있었을 때 누군가 그에게 성경을 건네주며 "이것은 삶을 어떻게 살아야 하는지 하나님이 하신 말씀을 기록한 책입니다"라고 했습니다. 그는 그 책을 읽어보고 싶었지만, 글을 알지 못했습니다. 그는 성경을 읽고 싶어서 글을 배워 성경을 읽기 시작했습니다. 그는 예수님을 구주로 영접한 뒤 하나님의 말씀대로 살았습니다. 그러자 그의 삶에 기적이 일어났습니다. 그는 만나는 사람마다 자신이 성경에서 발견한 새로운 생각을 나누며 성경을 권했습니다. 이것이 '허그 부흥'(Hauge Revival)의 시작이었고 노르웨이가 변화되는 출발점이 되었습니다.

이 일이 우리나라에서도 일어날 수 있습니다. 거룩한 백성이 되고 거룩한 교회가 세워지는 것은 결심만으로 안 됩니다. 그러나 24시간 예수님을 바라보면 가능합니다! 우리 주위에 거룩한 사람들이 일어나고 있다고 느낀다면 두려울 것이 없습니다. '하나님의 말씀대로 사는 이들이 내 주변에 일어나고 있구나!' 그러면 나라가 어떤 위기 상황일지라도 걱정이 안 됩니다. 하나님이 함께 계시기 때문입니다. 그런데 우리 삶에 거룩함이 무너지면 두려운 일이 일어납니다. 모든 일이 다 잘된다 해도, 아무리 경제가 성장해도 하나님이 한번 은혜를 거두시면 아무것도 아닙니다.

4

| 시편 19편 1-14절 |

마음을
주님께
드린 사람

제 마음속에 예수님을 향한 마음의 갈망이 계속해서 일어납니다. 오늘도 우리와 함께하시는 예수님을 바라보시기 바랍니다. 미국 집회를 인도하러 가는 비행기 안에서 예수동행일기를 썼습니다. 제가 쓴 일기를 보니 정말 주님을 사모하는 마음이 간절하였습니다. 주님이 아십니다.

"예수님과 동행하는 행복한 여정이 되기를 원합니다. 예수님만 바라보게 하소서. 주여, 나를 인도하소서. 주여, 내게 말씀하소서. 주의 마음을 종에게 부어주소서."

제 마음에 주님을 향한 갈망이 있다는 것이 너무 감사했습니다. 주님을 향한 간절한 마음의 소원, 주님을 더 알고 싶고, 주님과 하나가 되기 원하는 소원이 있다면 그것은 정말 놀라운 하나님의 은혜가 임한 것이기 때문입니다. 하나님께서 놀라운 일을 하실 때 먼저 우리 마음에 소원을 주신다고 하셨습니다.

그래서인지 미국 부흥회 기간 동안 주님을 갈망하는 분들을 여럿 만났습니다. 한 권사님의 아들은 집회에 참석하고 나서 다음날 자신의 약혼자와 함께 호텔까지 저를 찾아왔습니다. 최근 자신이

예수님 안에서 많이 변화되었지만 아직 부족한 것이 많고 결혼 후
아내와 함께 예수님이 기뻐하시는 뜻대로 살기 원한다면서 약혼자
와 함께 기도를 받고 싶다고 했습니다. 보통 집회가 있는 교회에서
만나 인사하고 기도해달라고 하는데, 따로 찾아와 기도를 받기 원
하는 청년의 마음이 특별하였습니다. 하나님이 주시는 마음이 아
니면 그렇게 할 수 없다는 생각에 간절히 축복해주었습니다.

　또 8시간을 운전하여 집회에 참석한 젊은 부부도 만났습니다.
그 사모함은 주님을 향한 것이었습니다. 그래서 주님을 더욱 바라
보시라고 권하며 기도했습니다. 하나님은 우리 가운데 주님을 갈
망하는 이들을 일으키십니다. 우리 모두 다 그런 사람이 되기를 원
하십니다.

거짓되고 부패한 내 마음의 문제

시편 19편은 저에게 매우 특별한 성경입니다. 미국행 비행기에서
시편 19편을 읽다가 첫 구절에서 깜짝 놀랐습니다.

> 하늘이 하나님의 영광을 선포하고 궁창이 그의 손으로 하신 일을 나타
> 내는도다 시 19:1

　비행기는 하늘에 떠 있고 창밖으로 파란 하늘이 보이는 가운데
하나님께서 시편을 통해 저에게 특별히 하실 말씀이 있다는 것을

알았습니다. 마지막 구절은 더욱 기가 막혔습니다. 마치 하나님께서 제 마음을 있는 그대로 다 보여주시는 것 같았습니다.

> …내 입의 말과 마음의 묵상이 주님 앞에 열납되기를 원하나이다 시
> 19:14

다윗은 정말 그런 마음으로 살았습니다. 다윗은 자신의 고백과 마음의 묵상이 주께 열납되기를 바랐습니다. 이것이 제 마음이기도 해서 "아멘"이 나왔습니다. 주님께 이처럼 마음을 드릴 수 있다니, 저 또한 놀라웠습니다. 이전에는 상상할 수 없는 일이었습니다.

저의 가장 큰 고민은 제 마음이었습니다. 사람들은 제 겉모습을 보고 저를 괜찮은 목사로 보는 것 같습니다. 사람들은 저를 목사같이 생겼다고 하면서 이리 보아도 목사요 저리 보아도 목사라고 합니다. 사실 그래서 더 좌절이 되었습니다. 왜냐하면 제 마음이 너무나 더러웠기 때문입니다. 물론 제 안에 은혜를 사모하는 마음도 당연히 있었습니다. 그렇지만 수시로 온갖 더럽고 정욕적이고 거짓되고 교만한 생각과 감정에 시달렸고, 그런 제 마음을 교우들 앞에 내놓기가 부끄러웠습니다. 그런 제 마음이 저를 낙심하게 만들었고, 제 자신이 너무 가증하게 여겨져서 목사직을 그만두려는 마음을 먹은 적도 있었습니다. 하나님은 중심을 보시는데 제가 마치 교인들을 속이는 것만 같았습니다.

그런데 성경을 읽어보니 저만 그런 것이 아니었습니다.

만물보다 거짓되고 심히 부패한 것은 마음이라 렘 17:9

사람의 마음이 그렇습니다. 마음의 묵상이 주님께 열납되기를 원한다는 고백은 아무나 할 수 있는 고백이 아닙니다. 세상에서 제일 더러운 것이 사람의 마음입니다. 그러나 더욱 충격적인 것은 이것이 마귀의 공격이기도 하다는 것입니다.

마귀가 벌써 시몬의 아들 가룟 유다의 마음에 예수를 팔려는 생각을 넣었더라 요 13:2

가룟 유다가 예수님을 은 30에 팔았는데, 마귀가 가룟 유다의 마음에 예수를 팔려는 생각을 집어넣었다고 합니다. 마귀는 우리에게 말도 안 되는 생각, 더러운 생각, 음란한 생각, 거짓된 생각, 미운 생각, 죽이고 싶은 생각, 죽고 싶은 생각, 헛된 공상, 슬픈 생각을 무차별적으로 넣어줍니다.

아나니아와 삽비라는 자기 소유를 팔아 헌금하고도 그 자리에서 죽음을 맞았습니다. 인색한 마음이 들어 땅값의 얼마를 감추고 전부 바치는 것처럼 거짓말을 하다가 베드로의 책망을 듣고 숨진 것입니다. 마귀가 아나니아와 삽비라의 마음에 탐심과 거짓을 심고 그들을 사로잡았던 것입니다.

베드로가 이르되 아나니아야 어찌하여 사탄이 네 마음에 가득하여 네
가 성령을 속이고 땅값 얼마를 감추었느냐 행 5:3

하나님께 마음을 드리는 일

저는 말씀을 읽으며 깜짝 놀랐습니다. 아무것도 아닌 것 같은 마음
에 마귀가 무섭게 역사하는 것을 깨달은 것입니다. 그때부터 제 마
음을 지키기 위하여 24시간 예수님을 바라보는 훈련을 시작했습니
다. 주님께 마음을 드릴 수 있는 사람은 온 우주 만물을 통해 주
님의 음성을 듣습니다. 귀에 어떤 소리가 들리는 것은 아니지만 그
어떤 소리보다 큰 소리로 주님의 음성을 듣습니다.

언어도 없고 말씀도 없으며 들리는 소리도 없으나 그의 소리가 온 땅에
통하고 그의 말씀이 세상 끝까지 이르도다… 시 19:3-4

마음을 주님께 드린 사람은 하나님의 말씀을 읽을 때 하나님을
만납니다. 성경을 읽으며 하나님이 주시는 교훈과 위로를 깨닫고
인생이 변화됩니다. 하나님은 성경에 하나님의 뜻을 정확히 담아
두셨습니다.

여호와의 율법은 완전하여 영혼을 소성시키며 여호와의 증거는 확실하
여 우둔한 자를 지혜롭게 하며 여호와의 교훈은 정직하여 마음을 기쁘

개 하고 여호와의 계명은 순결하여 눈을 밝게 하시도다 시 19:7-8

그러므로 하나님의 말씀을 읽고 듣는 것이 얼마나 즐거운지 모릅니다. 하나님의 말씀을 통해 살아 계신 하나님의 음성을 듣습니다. 하나님의 말씀이 돈보다 좋고 꿀송이보다 더 달콤합니다.

금 곧 많은 순금보다 더 사모할 것이며 꿀과 송이꿀보다 더 달도다 시 19:10

마음이 다르기 때문입니다. 그래야 신앙생활이 재미있지 않겠습니까? 자신의 마음을 주님께 드릴 수 있는 사람이 그렇습니다. 여러분, 여러분은 자신의 마음을 주님께 드릴 수 있습니까? 이 질문은 여러분이 예수님을 마음에 영접했는지 묻는 것입니다. 많은 그리스도인이 자기가 예수님을 영접했다고 생각합니다. 그렇지만 주님께 마음을 드리는 일에는 주저합니다. 예수님을 영접했어도 손님으로 영접한 것이지, '주님'으로 영접하지 않기 때문입니다. 만약 예수님을 영접했는데 '나는 왜 이렇게밖에 살지 못하는 것일까?' 고민한다면 여러분의 마음을 정직하게 살펴보기를 바랍니다.

손님입니까? 주님입니까?

여러분은 목사가 심방하는 것을 기뻐할 것입니다. 목사가 함께 예배를 드리고 가정 형편도 살피며 기도해주면 얼마나 좋습니까. 그러나 목사와 함께 살아야 한다면 너무나 부담스러울 것입니다. 많은 그리스도인들이 예수님을 이렇게 대합니다. 예수님을 환영하고 좋아합니다. 나를 위해 십자가에서 죽으신 분이니 감사하고 사랑한다고 생각합니다. 또 우리를 도와주시는 분이 아닙니까?

그러나 주님(Lord)으로는 부담스러워합니다. 그저 손님으로 오셔서 자신의 문제를 해결해주시고, 천국에 가도록 끝까지 도와주시면 대환영이지만, 금고와 통장과 침실과 옷장과 거실과 비즈니스를 다 내놓으라 하시면 부담스러워합니다. 여러분은 주님께서 "기도하라", "성경을 읽으라", "전도하라", "사랑하라", "용서하라", "헌신하라" 하실 때 즉시 순종하십니까? 예수님을 진짜 주님으로 마음에 영접할 준비가 되었습니까?

예수님을 마음에 영접하는 것은 정말 심각한 문제입니다. 예수님이 마음에 거하시면 생각조차 마음대로 할 수 없게 됩니다. 마음에 불평, 분노, 거짓, 음란이 있을 수 없습니다. 짜증, 미움, 원망을 버려야 합니다. 예수님을 마음에 모시고 어떻게 그런 마음을 품겠습니까? 여러분이 좋아하는 것을 주님은 좋아하지 않으실 수 있습니다. 그것들을 다 정리해야 합니다. 여러분은 정말 마음에 예수님을 주님으로 영접하였습니까? 많은 그리스도인들에게 그 점이 불분명합니다. 예수님을 영접했다고 하지만 주님을 손님 정도로 생각하고 있습니다. 자신의 삶을 예수님에게 진짜 맡기고 생각과 마음과 감정까지 주님이 하자는 대로 할 마음의 준비가 안 되었다는

시편 19편

말입니다. 그러니 마음을 주님께 드리기가 어려운 것입니다. 우리의 마음이 아직 주님을 향해 완전히 열려 있지 않습니다.

예수님은 우리가 교회에서 예배드리는 것을 기쁘게 생각하실 것입니다. 그런데 예수님이 원하시는 것은 우리의 몸이 예배당에 앉아 있는 것이 아닙니다. 우리가 드리는 헌금도 아닙니다. 예수님은 우리의 마음을 원하십니다. 주일예배를 드리러 가기 위해 머리도 감고 깨끗한 옷도 입습니다. 그러나 예수님은 우리의 단장보다 마음을 받기 원하십니다. 마음의 준비가 되었습니까? 몸은 단장했는데 미처 마음은 신경쓰지 못했나요? 그것이 문제입니다. 예배당에 나와 앉아 있지만 먹고사는 걱정, 세상 염려, 근심, 사람에 대한 미움이 그대로입니까? 원망, 질투도 그대로이고, 세상을 사랑하는 마음도 정리하지 못했다면 주님은 그 예배를 받지 않으신다는 것을 알아야 합니다.

"내 마음의 묵상이 주께 열납되기 원합니다"라고 고백할 수 있으십니까? 그것이 예배입니다. 우리는 살아가면서 하나님이 왜 역사하지 않으시는지 답답해할 때가 많지만, 하나님은 사실 우리 때문에 역사하지 못하십니다. 우리가 아직 하나님께 우리의 마음을 드리지 않았기 때문입니다.

주님도 어찌하지 못하시는 것

하나님이 우리에게 가장 원하시는 것은 마음입니다. 하나님은 우리의 모든 것을 그분 마음대로 하실 수 있습니다. 그런데 우리에게서 마음대로 못하시는 것이 딱 하나 있는데, 그것이 마음입니다. 인간의 마음만큼은 우리가 하나님께 드리지 않으면 그분 마음대로 가져가실 수 없습니다. 그래서 하나님이 우리의 마음을 원하시는 것입니다.

하나님께서 우리를 만드실 때 마음만큼은 우리에게 맡기셨습니다. 그래야 하나님과 우리 사이에 인격적인 교제가 가능합니다. 하나님과의 친밀한 사귐이란 우리 마음을 스스로 결정할 수 있을 때 성립되는 것입니다. 하나님께서 우리 마음을 당신 마음대로 바꾸신다면 친밀한 교제라는 것이 무슨 의미가 있습니까? 그런데 많은 그리스도인들은 하나님께 완전히 마음을 드려 순종하는 것을 부담스러워합니다. 분명히 결단하지 못하고 주저합니다. 항상 예수님을 바라보며 마음에 주님을 모시고 사는 것을 답답한 일이라고 생각합니다. 숨이 막혀서 어떻게 사느냐고 합니다. 그것은 정말 심각한 문제입니다. 성경은 우리의 그런 마음을 이렇게 말했습니다.

또한 그들이 마음에 하나님 두기를 싫어하매… 롬 1:28

이것은 불신자들의 이야기만이 아닙니다. 예수님을 믿는다는 많은 그리스도인들도 마음에 하나님 두기를 싫어합니다. 이것은 영적인 실상을 모르기 때문입니다. 얼마나 두려운 일인지 모르기 때문입니다. 예수님을 마음에 주님으로 영접하지 않으면 마귀가 그 마음을 지배합니다. 예수님이 마음에 왕이 되시지 않으면 자유롭게 살 것 같습니까? 마귀가 왕 노릇합니다. 예수님이 마음에 왕이 되든, 마귀가 마음에 왕 노릇을 하든 둘 중에 하나뿐입니다. 어느 편을 택하겠습니까?

예수님은 강제로 우리 마음의 문을 열고 들어오지 않으십니다. 우리가 마음을 열고 예수님을 생각하려 하지 않으면 예수님은 문바깥에 서 계실 뿐입니다. 그러나 마귀는 강제로 우리 마음에 들어와 우리 마음과 생각을 지배합니다. 우리 마음에 별의별 생각을 다 넣어줍니다. 마귀가 우리의 생각을 지배함으로써 우리의 인생을 지배한다는 것을 아십니까? 얼마나 많은 사람들이 주야로 마귀가 주는 생각을 묵상하는지 모릅니다. 걱정, 근심, 미움, 원망, 열등감, 음란, 공상 등을 하고 살면서 마귀가 마음을 틀어쥐고 있는 것인 줄 모릅니다. 여러분의 집에 낯선 사람이 들어와 앉아 있다면 얼마나 소름 끼치는 일입니까? 지금 여러분의 마음에는 누가 들어와 있습니까?

너희 안에 사는 것이 누구냐?

1936년에 영국의 유명한 중보기도자 리즈 하월즈(Rees Howells)가 세운 웨일즈 성경학교에 성령의 강력한 임재가 임했습니다. 신학교 교수님과 학생들이 다 성령의 임재를 느꼈습니다. 그들 속에 깊은 회개의 역사가 임했는데 그들의 마음을 깊게 찌른 질문이 하나 있었습니다. "참으로 너의 몸 안에 사는 것이 누구냐?" 그들은 신학교 교수와 신학생들이었지만 감히 대답하는 자가 없이 울고 또 울었다고 합니다. 그들이 그제야 깨달았습니다. 그들은 자기 안에 예수님이 사시는 줄 알았습니다. 그러나 주님의 빛이 비추고 보니 자기 안에 정욕, 교만, 이기심이 가득하였던 것입니다.

지금 우리도 정확히 물어보아야 합니다. 여러분의 몸 안에 살고 있는 것은 누구입니까? 주님입니까? 세상입니까? 예수님이 지금 우리 마음 안에 생명이 되시고 주님이 되셔서 살아 계십니까? 아니면 그런 줄로만 알고 지내왔습니까? 내 안에 있는 육신의 정욕, 말할 수 없는 교만, 이기심, 온갖 죄, 염려와 근심, 슬픔과 낙심은 다 어디에서 온 것입니까?

여러분, 우리는 무엇보다 마음을 지켜야 합니다.

모든 지킬 만한 것 중에 더욱 네 마음을 지키라 생명의 근원이 이에서 남이니라 잠 4:23

한번은 꿈을 꿨는데 하늘에서부터 "평화 평화로다 하늘 위에서 내려오네"라는 찬송 소리가 들렸습니다. 꿈에서 찬송 소리를 듣고 황홀했는데 그러다가 또 꿈을 꾸었습니다. 그런데 이번에는 누군가 설교 정리 중인 제 노트북을 엉망으로 만들어놓는 꿈이었습니다. 얼마나 화가 나는지 누가 그랬냐고 씩씩거리다가 잠에서 깼습니다. 꿈에서 깼지만 화가 풀리지 않았습니다. 순간 '내가 이런 마음을 가지면 안 되잖아' 하는 생각이 들었습니다.

우리의 마음은 이렇듯 순간순간 바뀝니다. 어느 때는 주님께 예배할 수 있는 마음이 되었다가 또 어느 때는 도무지 주님께 드릴 수 없는 마음이 되어버립니다. 여러분의 마음을 분별해야 합니다. 그냥 넘어가면 안 됩니다. 여러분의 마음이 주님께 드릴 수 있는 제물이 되어 있습니까? 만약 그렇지 않다면 해결해야 합니다. 그냥 품고 지내면 안 됩니다. 그래서 주님도 어떻게 못하시는 것입니다. 주님이 주시지 않은 마음을 품고 있으니 말입니다.

여러분, 하나님이 왜 다윗을 택하여 왕으로 세우셨는지 아십니까?

다윗을 왕으로 세우시고 증언하여 이르시되 내가 이새의 아들 다윗을 만나니 내 마음에 맞는 사람이라 내 뜻을 다 이루리라 하시더니 행 13:22

다윗의 마음이 하나님의 마음에 맞았기 때문입니다. 핵심은 마음입니다. 하나님이 우리의 인생을 들어 쓰시고 영광의 도구로 사용하시는 조건은 우리의 마음입니다. 다윗은 언제나 "내 입의 말과 마음의 묵상이 주님 앞에 열납되기를 원하나이다"(시 19:14)라고 고백하며 살았습니다. 다윗은 항상 자기 마음이 하나님께 드려지기를 원했습니다. 그것으로 충분합니다. 우리도 그렇게 살면 됩니다. '내 마음이 주님께 드리는 제물이 될 수 있을까? 내 마음을 있는 그대로 드려도 괜찮을까?' 염려가 된다면 그 마음을 버리고 주님이 기뻐하시는 마음을 품으십시오. 그때부터 역사가 일어나는 것입니다.

내 마음 드리기 프로젝트

우리가 아무리 기도해도 변화되지 않는다면 우리 마음에 문제가 있기 때문입니다. 마음에 예수님이 왕이 아닌 사람은 아무리 기도 해도 주님이 어떻게 하실 수가 없습니다. 주님께 마음을 드리는 것을 신앙생활의 목표로 삼아보시기 바랍니다. 가정이나 직장이나 교회에서 마음에 주님을 왕으로 모시고 살아보십시오. 그러면 주님이 역사하심을 알게 될 것입니다.

첫째, 예수님에게 마음을 활짝 여는 것입니다.

볼지어다 내가 문 밖에 서서 두드리노니 누구든지 내 음성을 듣고 문을 열면 내가 그에게로 들어가 그와 더불어 먹고 그는 나와 더불어 먹으리 라 계 3:20

우리가 예수님에게 진정으로 마음을 열면 예수님이 우리 마음에 오시는 것입니다. 우리가 주님께 마음을 열기만 해도 죄를 이기고 삶이 변화됩니다. 집안을 치워야겠다고 생각만 했지 미루고 살던 성도가 목사님이 심방을 오신다고 하면 금세 치웁니다. 집을 여니까 집이 치워지는 것입니다. 집을 항상 열고 사는 사람은 집이 깨끗합니다. 마음도 마찬가지입니다. 예수님에게 마음을 열면 주님이 오시고 우리 마음이 정리됩니다. 품지 말아야 할 마음이 정리되고 그 자리에 예수님의 마음을 품을 수 있습니다.

둘째, 항상 예수님의 마음을 품는 것입니다.

너희 안에 이 마음을 품으라 곧 그리스도 예수의 마음이니 빌 2:5

예수님이 우리 마음에 오신 것과 우리가 예수님의 마음을 품는 것은 다른 문제입니다. 예수님의 역사는 예수님의 마음을 품을 때 일어나는 것입니다. 예수님을 우리 마음에 모셔도 예수님의 마음을 품지 않을 수 있습니다. 마귀가 주는 마음을 품을 수도 있습니다. 이제 우리는 정말 예수님이 주시는 마음을 품어야 합니다. 그래야 주님이 우리 삶에 역사하십니다.

친척 한 분이 간 이식을 하였는데 그 후 식성이 바뀌었다고 합니다. 하물며 사람의 간도 이 정도라면 우리가 예수님의 심장을 이식받으면 어떻겠습니까? 예수님을 믿는 우리는 다 심장 이식을 받고 사는 사람들입니다. 이때 심장 이식이란 예수님의 마음을 품는 것입니다. 예수님의 심장으로 사는데 아무 생각이나 마음을 품으면 안 됩니다. 주님의 마음을 품어보십시오. 그러면 여러분의 인생에 기적이 일어납니다. 예수님의 능력이 부어지고, 주님의 지혜와 사랑이 부어지고, 주님의 기쁨과 평안이 임하게 됩니다. 사람이 안 바뀔 수가 없습니다.

셋째, 내 입의 말과 마음의 생각까지 주님께 올려드리는 것입니다.

…내 입의 말과 마음의 묵상이 주님 앞에 열납되기를 원하나이다

시 19:14

예수님의 마음만 품으면 먼저 말이 달라집니다. 오직 주님에 대해서만 말하고 싶어집니다. 부흥회가 끝나면 사람들이 은혜받았다고 찾아와 제게 인사를 합니다. 그때가 저에게는 매우 힘든 시간입니다. 예수님만 전했는데 예수님보다 사람인 저를 주목하는 것 같아 마음이 불편합니다. '내가 말씀을 제대로 전하지 못했구나. 아직도 부족한 게 많구나.' 그런 생각이 듭니다. 반면에 저를 만나 예수님 이야기를 하는 사람이 있으면 '내가 잘 전했구나' 싶습니다.

저는 우리의 대화 주제가 오직 '예수님'이었으면 좋겠습니다. 예수님을 알면 알수록 그렇게 됩니다. 예수님이 마음에 계시고 입술의 말과 마음의 생각조차 주님께 드리고 싶은 마음이 되면 우리는 모든 것을 주님 앞에서 말하듯이 말하게 됩니다. 그때부터 주님은 우리의 인생을 완전히 바꾸시기 시작합니다. 예수님이 영광을 받으시는 인생으로, 주님이 책임지시는 사람이 되어 주님의 능력, 주

님의 기쁨, 주님의 사랑이 부어지게 됩니다.

사랑하는 여러분, 예수님을 바라보십시오. 주님께 마음을 드릴 수 있는 사람, "주님, 제 마음 아시죠?"라고 말할 수 있는 사람이 되어야 합니다. 주님께 마음을 얼마든지 열어 보여드릴 수 있다면 두려워할 것이 없습니다. 주님이 여러분의 삶에 놀랍게 일하실 것입니다.

5

| 시편 20편 1-9절 |

나는 오직
하나님만
의지합니다!

처조부(妻祖父)가 되시는 고(故) 박용익 목사님께 귀한 일화가 많습니다. 서울의 한 교회에 부임하셨을 때 그 교회에 극심한 분란이 있어서 싸움이 그칠 날이 없었다고 합니다. 당시 어린 손녀가 할아버지를 찾으러 교회에 가면 박 목사님은 언제나 예배당 강대상 아래 거적때기를 깔고 무릎을 꿇고 통곡하며 울고 계셨답니다. 그리고 몇 개월 후에 기적처럼 교회 안에 분란과 싸움이 사라지고 평안해졌다고 합니다.

누구나 살다보면 어려운 일을 만납니다. 자신의 힘으로는 도무지 어쩔 수 없는 상황과 일을 겪습니다. 그런데 사람마다 그에 대처하는 반응이 다릅니다. 하나님을 믿는 사람은 이와 같은 상황에서 빛과 같이 드러납니다. 믿음의 사람 다윗은 환난을 당했을 때 어떻게 반응하는지 시편 20편을 통해 놀라운 증언을 해주고 있습니다.

시편 20편은 "환난 날에"라고 시작하는데, '환난'이란 단순히 어려운 일이 생긴 정도가 아니라 급작스럽게 닥친 감당할 수 없는 어려운 위기를 뜻합니다. 여기서는 다윗에게 예기치 않은 전쟁이 일어난 것 같습니다. 그런데 다윗은 전쟁이 일어난 상황에서 참 희한한 행동을 합니다. 전쟁이 일어나면 전쟁에 동원할 말이나 병거나 병사의 수를 점검하고 준비해야 마땅한데, 그는 하나님의 이름을 새긴 깃발을 만들어 전쟁터로 나갔습니다.

… 우리 하나님의 이름으로 우리의 깃발을 세우리니 여호와께서 네 모든 기도를 이루어주시기를 원하노라 시 20:5

한번 상상해보십시오. 여호와의 이름을 새긴 깃발을 들고 전쟁터로 나가는 다윗과 그의 군사들은 기도가 간절했을 것입니다. 그들이 하나님께 기도하며 전쟁했다는 말입니다. 다윗은 이렇게 고백합니다.

어떤 사람은 병거, 어떤 사람은 말을 의지하나 우리는 여호와 우리 하나님의 이름을 자랑하리로다 시 20:7

이것이 전쟁을 대하는 다윗의 모습이었습니다. 다윗이 소년 목동이었을 때 블레셋 장수 골리앗과 싸울 때 했던 고백이기도 했습니다.

…너는 칼과 창과 단창으로 내게 나아 오거니와 나는 만군의 여호와의 이름 곧 네가 모욕하는 이스라엘 군대의 하나님의 이름으로 네게 나아가노라 삼상 17:45

이 고백은 대단한 믿음입니다. 정말 큰 은혜가 됩니다. 그러나 이 말씀을 읽고 시험에 드는 분도 있을 것입니다. 전쟁이 벌어졌는데 왕이 병거나 말을 챙기지 않고 하나님의 이름을 새긴 깃발을 만들어 전쟁터로 나갔다니 말입니다.

'세상에 말도 안 돼. 대체 전쟁을 어떻게 하자는 거야? 목숨이 경각에 달린 전쟁터에서 무기가 아니라 하나님의 이름을 새긴 깃발을 들고 나가서 싸운다고? 다 죽자는 얘기지, 어떻게 세상을 그렇게 살아? 이 사람이 제정신인가? 광신자 아닌가?'

우리의 믿음이 다 똑같지는 않은 것입니다. 같은 하나님을 믿는다고 해도 믿음이 하늘과 땅 차이입니다. 전쟁이 일어났을 때 하나님의 깃발을 들고 나갈 수 있는 믿음이 누구에게나 있는 것은 아닙니다.

어느 목사님의 안수식에서 있었던 일입니다. 가족들의 권유로 아직 믿지 않던 아버님이 안수식에 참석하였는데 "세상 즐거움 다 버리고 세상 자랑 다 버렸네"라고 찬송하는 부분에서 그렇게 우시더랍니다. '내 아들이 정말 이런 길을 가는구나' 생각하셨던 모양입니다. 그런데 펑펑 우는 아버지 옆에서 여동생이 이렇게 말했다고 합니다. "아버지, 울지 마세요. 아버지가 너무 심각하게 생각하시는 거예요! 교인들 중에 그렇게 생각하고 부르는 사람은 없어요!" 정말 그렇습니다. 찬송가 가사 따로, 우리의 믿음 따로입니다. 찬송가를 불러도 진정한 자신의 고백으로 부르지 않는 사람이 많다는 말입니다.

전쟁과는 비교가 되지 않지만 우리도 치열한 믿음의 싸움을 하고 있습니다. 하나님을 믿는다고 하면서 우리 머릿속에 늘 은행 잔고가 얼마인지 생활비가 걱정이고, 경비, 월급, 이자, 세금 문제를 어떻게 해결해야 할지 염려가 떠나지 않습니다. 하나님께 예배드리러 와서도 먹고사는 걱정으로 가득하고, 세상 두려움과 염려가 많은 분들이 있을 것입니다. 실제로 밥 한 끼 굶은 적이 없고 잠잘 집이 있고 입을 옷이 없던 적이 없었는데, 하나님의 공급하심에 감사하기는커녕 여전히 어떻게 살지 염려하며 계속 돈돈 하며 살고 있다면 하나님을 믿는 믿음이 있는 사람입니까?

하나님은 살아 계시고 지금 나와 함께 계신다!

그러면 다윗은 어떻게 이처럼 무모해 보일 정도로 극단적인 행동을 했을까요? 이유는 하나입니다. 다윗은 하나님이 정말 살아 계시고 늘 함께하심을 알았기 때문입니다. 다윗은 소설 속 인물이 아닙니다. 역사에 분명히 실존했던 인물입니다. 하나님이 살아 계시고 자신과 함께 계신 것을 아는 사람에게는 이러한 행동이 결코 무모한 행동이 아닙니다. 너무나 당연한 일입니다. 물론 군대가 필요

없다는 말은 아닙니다. 다윗에게도 군대가 있었고, 그도 군사들을 이끌고 전쟁을 하러 나갔습니다. 그러나 다윗이 진짜 믿은 것은 군인들의 수나 말이나 병거의 수가 아니라는 것입니다.

우리도 하나님이 살아 계시고, 하나님이 나와 함께 계신다는 사실이 정말 믿어지면 모두 다윗처럼 할 것입니다. 다윗은 하나님을 분명히 믿었습니다. 이것이 중요합니다. 문제는 어떻게 그런 믿음을 가질 수 있느냐 하는 것입니다. 다윗만 살아 계신 하나님, 함께 계신 하나님을 체험하는 은혜를 받은 것이 아닙니다. 누누이 말씀드리지만 예수 그리스도 안에서 모든 그리스도인들은 모두 다 다윗보다 더 놀라운 은혜를 받는 사람들입니다. 예수 그리스도 안에서 우리는 우리의 죄가 용서함을 받고 살아 계신 하나님을 알게 되며 주님과 동행하는 은혜 안에 살게 됩니다.

너희는 믿음 안에 있는가 너희 자신을 시험하고 너희 자신을 확증하라 예수 그리스도께서 너희 안에 계신 줄을 너희가 스스로 알지 못하느냐 그렇지 않으면 너희는 버림받은 자니라 고후 13:5

예수님은 우리 안에 오셨습니다. 이보다 더 놀라운 일이 어디 있습니까? 우리 안에 계시는 예수님은 우리가 바라볼 수 있는 분입니다. 성경은 분명히 눈으로 주님을 바라보라고 하였습니다.

믿음의 주요 또 온전하게 하시는 이인 예수를 바라보자 히 12:2

우리는 주님의 음성을 들을 수 있습니다.

내 양은 내 음성을 들으며 나는 그들을 알며 그들은 나를 따르느니라
요 10:27

이것은 모든 성도들에게 주신 약속입니다. 우리가 예수를 믿으면 하나님은 결코 멀리 계신 분이 아닙니다. 막연한 존재가 아니라 살아 계신 하나님, 늘 나와 함께 계신 하나님입니다. 우리가 할 일은 이 놀라운 약속을 믿고 주님을 갈망하는 것입니다.

네 마음의 소원대로 허락하시고 네 모든 계획을 이루어주시기를 원하
노라 시 20:4

하나님은 우리 마음의 소원을 이루어주기를 원하십니다. 하나님이 우리의 아버지이시기 때문입니다. 자녀가 아버지를 알고 싶어 하는데 응답하지 않으실 이유가 어디 있습니까. 문제는 우리가 하나님을 그토록 갈망하느냐에 달린 것입니다.

<팔복> 영상을 제작했던 김우현 감독님이 몇 년 전 선한목자교회 남성 공동체인 '믿음으로 사는 남자들'에 간증자로 왔을 때 참 인상 깊은 간증을 하셨습니다. 그는 매일 아침 일어나면 제일 먼저 무릎을 꿇고 "성령님, 오늘도 저를 인도해주세요"라고 기도했다고 합니다. 성령님이 인도해주시는 삶을 살고 싶어 하니까 눈만 뜨면

그 기도를 드렸다고 합니다. 그러자 성령님이 얼마나 놀랍게 인도하셨는지 모른다고 했습니다.

하나님이 어떻게 그렇게 구체적으로 역사하시고 인도하셨을까요? 그가 하나님을 진심으로 갈망했기 때문입니다. 진심으로 구한다면 누구나 경험하는 은혜입니다. 여러분은 새벽에 일어나 이렇게 기도하십니까? "하나님, 오늘 저를 인도해주세요. 주님, 제가 주님께 순종하겠습니다. 저를 인도해주세요"라고 매일 기도하십니까? 내가 얼마나 주님을 갈망하는지 하나님도 인정해주실 만큼 주님을 찾으셨습니까? 주님을 그렇게 찾으면 하나님은 그를 결코 외면하지 않으십니다.

환난당한 자를 부르시는 하나님

우리가 하나님을 갈망할 때가 옵니다. 모든 도움이 끊어지고 의지하던 것이 사라졌을 때, 그 어떤 것도 의지할 수 없는 진짜 환난을 당하면 누구나 하나님을 갈망하게 됩니다.

"하나님, 정말 살아 계시면 저 좀 도와주세요. 저 좀 구원해주세요."

이런 기도가 절로 나옵니다. 그러나 이처럼 환난을 당하여 하나님을 찾을 때 부끄러운 마음이 듭니다. 편안할 때는 마음대로 살다가 환난을 당하고 나서야 하나님께 나온다는 자책감에 시달립니다. '하나님이 정말 나를 받아주실까?' 염려도 됩니다. 그러나 부끄러워할 필요가 없습니다. 하나님은 우리가 편안할 때는 그분을 잊어버리고 힘들고 어려워야 하나님을 찾는다는 사실을 너무 잘 아십니다. 그래서 하나님께서 환난당한 자를 부르신 것입니다.

환난 날에 나를 부르라 내가 너를 건지리니 네가 나를 영화롭게 하리로다 시 50:15

하나님이 걱정하시는 것은 환난을 당하고도 하나님께 나오지 않는 것입니다. 하나님은 환난을 당하면 "나에게 오라"고 초청하셨습니다. 우리가 환난을 당하여 하나님께 나아가는 것은 하나님을 기쁘시게 하는 것입니다. 환난을 당하여 하나님께 나아가는 것을 부끄럽게 생각하지 마십시오. 하나님의 계획일 수 있습니다. 환난은 변장하고 다가오는 축복이기도 합니다. 세상적으로는 어려움이지만, 영적으로는 비로소 하나님을 만날 때가 된 것입니다. 하나님이 주신 은혜의 때입니다. 이것을 알면 환난 중에도 즐거워하게 됩니다.

우리가 환난 중에도 즐거워하나니 이는 환난은 인내를, 인내는 연단을, 연단은 소망을 이루는 줄 앎이로다 롬 5:3-4

환난을 당한 뒤 하나님을 찾는 것은 부끄러운 일이 아닙니다. 진짜 부끄러운 일은 환난을 당했는데도 여전히 돈, 건강, 문제 해결만을 구하는 것입니다. 평생 돈과 사람과 건강을 믿고 살았는데,

그것이 아무것도 아님을 환난을 통해서 깨달았다면, 이제는 하나님 그분을 찾아야 합니다. 하나님을 찾아야 할 때가 된 것입니다. 정말 부끄러운 것은 환난을 당하여 하나님 앞에 나온 것이 아니라 여전히 하나님이 아니라 문제 해결만을 원하는 것입니다.

진짜 지혜로운 사람

그러나 꼭 환난을 당해야만 하나님을 갈망하게 되는 것은 아닙니다. 환난당하기 전에 이것을 깨닫고 하나님을 갈망하는 자도 있습니다. 그것이 진짜 지혜로운 사람입니다. 사람이 암에 걸리면 완전히 달라집니다. 옛 습관을 버리고 하나님 앞에 나와 간절히 기도합니다. 암이라는 진단을 받고도 죄지을 사람은 없을 것입니다. 그러나 꼭 암에 걸리고 나서 돌이켜야 합니까? 내가 말기 암이라고 생각하면 명확해집니다. 그러면 마음에 걸리는 일, 회개할 일이 있을 때 지금 정리하고 해결할 것입니다.

여러분, 만약 눈이 멀었다면 다른 사람들의 도움을 간절히 바랄 것입니다. 예배당 밖으로 나가는 것도 계단도 다 위험한 장애물이 됩니다. 왜냐하면 앞이 보이지 않기 때문입니다. 그러면 내가 지금 눈이 멀었다고 생각하고 기도하면 어떻겠습니까? "하나님, 도와주세요. 저는 아무것도 모르겠어요. 아무것도 안 보여요. 무엇을 해야 합니까? 어디로 가야 합니까? 주님, 제 손을 잡아주시고, 제 걸음을 인도해주세요"라고 지금 구하십시오. 우리가 그렇게 살면 하나님께서 우리의 인생을 얼마나 놀랍게 인도하실까요? 그것을 꼭 환난을 당하고 난 다음에 할 이유가 어디 있느냐는 말입니다.

한국 초대교회의 영적 지도자요 순교자였던 김익두 목사님의 손녀의 간증을 들었습니다. 김익두 목사님은 순교하였지만, 그 후손들은 부유하게 잘 살았다고 합니다. 그런데 어느 날 갑자기 '우리가 이렇게 편안하게 살기만 해서 될까?' 하는 생각이 들더니 믿음의 조상 덕에 복을 누리고 산다는 것을 깨달았습니다. '하나님이 믿음의 선조를 통해 우리에게 복을 부어주신 것은 하나님을 위해 더 일하라고 하심이 아니겠는가. 우리가 이렇게 편안하게 지내고 잘사는 것으로만 기뻐해서는 안 된다. 매 맞고 깨닫기 전에 미리 깨닫고 하나님을 위해 살자!'라고 결단한 뒤 이전과 다른 삶을 살았다고 합니다. 그러면서 이것을 깨닫게 된 것 역시 할아버지의 믿음의 유산 때문이라고 감사했습니다.

여러분, 이것이 지혜입니다. 꼭 매를 맞아야 하나님을 갈망하고 찾을 이유는 없습니다. 주의 성령께서 여러분의 마음과 생각을 인도하시기를 축복합니다. 우리가 하나님을 갈망하고 주님을 찾으면 하나님께서 만나주십니다. 살아 계신 하나님이 믿어지고 그 믿음으로 세상을 이기게 해주십니다.

예수동행일기도 소용이 없다?

그러나 하나님을 갈망하는 중에도 낙심하는 일이 일어납니다. 한

번은 신실한 남자 교우 한 분을 상담했습니다. 그런데 그 분이 울면서 자기 안에 은밀한 죄를 고백했습니다. 믿음 좋은 사람처럼 행동했지만, 음란 동영상에 빠져 살았다는 것입니다. 그래서 24시간 예수님을 바라보고 일기를 쓰면서 죄를 이겨냈다고 합니다. 끊을 수 없을 줄 알았던 음란 동영상을 끊고 나서 내면이 새로워졌고 여러 차례 다른 사람들에게 예수동행일기를 쓰라고 권했다는 것입니다. 그런데 최근에 어처구니없게도 끊었던 음란 동영상에 다시 무너졌고 크게 낙심한 그는 울먹이며 말했습니다. "목사님, 저는 예수동행일기를 쓰면서 이제는 죄를 다 이겼다고 믿었습니다. 그런데 예수동행일기로도 안 된다면 저는 끝인가요?" 그는 더 이상 기도도 안 되고, 동행일기도 쓸 수가 없다고 했습니다.

그 교우를 상담하며 저는 마음이 너무 아팠습니다. 또 그 교우의 말에 제가 희대의 사기꾼이 된 느낌이었습니다. 저는 그동안 성도들에게 "은밀한 죄에 사로잡혀 있습니까? 그렇다면 24시간 주님을 바라보세요! 예수를 믿고도 아직 은밀한 죄에 사로잡혀 있다면 주님을 바라보지 않기 때문입니다. 예수동행일기를 써보세요! 매일 주님을 바라보는 일을 점검하는 일기를 써보세요. 죄는 끊어지게 되어 있습니다"라고 설교했습니다. 그런데 동행일기를 쓰면서도 다시 죄에 무너진 교우를 상담하면서 제 안에 또 다른 낙심이 밀려왔습니다.

요즘 예수동행일기에 대한 관심이 뜨겁습니다. 그것은 많은 그리스도인이 아직 해결되지 않은 내면의 죄, 은밀한 죄로 인해 그만큼 괴로워하고 있다는 뜻입니다. '이 내면의 죄를 어떻게 해결받을 수 있을까?', '나도 정말 죄를 안 짓고 살 수 있을까?', '포기하고 살았는데 주님을 바라보는 눈이 열릴 수 있다니', '예수님과 항상 동행하는 방법이요?' 그래서 동행일기를 쓰는 것에 관심이 많은 것입니다. 그런데 동행일기를 쓰고도 다시 예전의 죄로 무너졌다니 이보다 답답한 일이 어디 있습니까. 저는 저대로 낙심이 되어 '결국 이렇게밖에 안 되나?' 하는 생각도 들었습니다.

분명히 말씀드리지만 동행일기를 쓰는 것 자체가 죄를 이기는 완전한 방법은 아닙니다. 동행일기를 쓰는 것이 예수님을 바라보게 하는 방법일 수 있지만, 그것이 죄를 해결하는 마법의 열쇠는 아닙니다. 그러면 예수동행일기도 소용이 없다는 것입니까? 절대 그렇지 않습니다.

저는 프랭크 루박 선교사님의 일기를 통해 예수동행일기에 대한 도전을 받았습니다. 제가 프랭크 루박 선교사님의 일기를 통하여 얻은 도전과 용기는 중간중간에 실패와 좌절을 넘어서게 해주는 '믿음'이었습니다. 실패하더라도 다시 일어서면 반드시 주님이 붙잡아주신다는 것입니다. 한 달을 해보고, 두 달을 해보고, 석 달을 해보고, 실패를 딛고 다시 시작하라는 도전을 받았습니다. 프랭크 루박 선교사는 하나님의 임재의 눈이 뜨이기까지 6개월이 걸렸다는데 그 기간은 사람마다 다를 수 있습니다. 중요한 것은 마귀가 원하는 대로 해서는 안 된다는 것입니다.

마귀는 우리가 낙심하기를 원합니다. 우리가 예수님을 바라보고 우리 안에 은밀한 죄까지 해결받으려고 하는 것을 마귀가 얼마나 싫어할까요? 마귀는 어떻게 해서든지 우리를 낙심시켜서 아무것도 하지 못하게 만들려고 할 것입니다. 결국 마귀가 원하는 것은 다시 시도해보지도 못하게 만드는 것입니다. '나는 안 되나봐. 결국 안 되는 거야.' 주님은 어떻게 생각하실까요? 주님은 다시 일어나라고 하시지 않겠습니까? 우리가 주저앉고 무너지는 것을 얼마나 안타까워하시겠습니까?

저는 그 성도님에게 이런 말씀을 드렸습니다.

"성도님, 예수동행일기를 써도 죄를 이길 수 없다고 속단하지 마세요. 성도님은 지금 아직 죄를 이길 만큼 주님의 임재를 분명하게 느끼지는 못하는 상태입니다. 그렇지만 그동안 동행일기를 써왔기 때문에 다시 음란 동영상에 빠졌을 때 지금처럼 죄에 대하여 민감하고도 강하게 반응하게 된 것이 아닐까요? 음란 동영상을 접한 사람이 어디 성도님뿐이겠습니까? 그러나 성도님처럼 이토록 괴로워하고, 자신이 지옥에 떨어진 것처럼 두려워하고, 목사에게 와서 이 사실을 고백하고 눈물을 쏟겠습니까?

그러면 성도님은 지금 왜 그렇지요? 성도님은 지금 너무나 놀라운 주님의 임재 안에 계신 것입니다. 예수님을 바라보는 눈이 분명히 열리셨잖아요! 그러니 성도님에게는 더 이상 죄가 기쁨이 아니고 음란한 것이 즐거움이 아닙니다. 성도님에게 그것은 지옥과 같은 고통입니다. 예수동행일기를 써도 아무 소용이 없는 것입니까? 죄가 더 이상 즐거움이 아닌 일이 무엇으로 가능했을까요? 지금 성도님은 놀라운 주님의 임재 속에 있습니다. 아직 다 이루어진 것은 아니지만 지금 성도님 안에서 일어나는 일들은 정말 놀라운 일입니다. 성도님에게 필요한 것은 함께하시는 주 예수님을 다시 바라보는 것입니다. 우리를 죄에서 이기게 하신다는 진리를 결론 삼고 계속해서 나아가는 것입니다."

그리고 함께 기도했습니다. 놀랍게도 주님이 그 마음을 회복해 주시고 새로운 눈을 열어주셨습니다. 주님을 갈망하면서도 낙심하게 되는 일이 생깁니다. 그런데 대부분 기대가 너무 커서 그렇습니다. 예수동행일기를 쓰면 당장 주님을 바라보고 항상 주님의 임재 안에 살며 모든 죄를 극복하게 될 것이라는 기대가 너무 커서 그렇습니다. 그런데 내가 그 기대에 미치지 못하면 좌절에 빠집니다.

여러분, 주님이 행하신 것을 가만히 바라보십시오. 주님이 지금 내 안에서 역사하시는 것을 가만히 보라는 말입니다. 우리는 주님을 바라보고 주님을 갈망하며 변하게 되어 있습니다. 영적인 눈이 뜨이지 않을 수 없습니다.

주님을 향한 갈망의 역사

제가 1984년에 군목 훈련을 받다가 다리를 다쳤을 때 저는 저와 함께 계신 주님을 바라보지 못했습니다. 저는 제 육신의 아버지를 바라보았습니다. 아버지는 저에게 실제적인 도움을 주시는 분이었고, 주님은 너무 막연한 분이었습니다. 나중에 하나님을 찾았지만 저는 어디에서도 하나님의 응답을 얻지 못했습니다.

그런데 그로부터 16년 후, 제 아내가 암 진단을 받았습니다. 저는 그 소식을 듣고 가슴이 철렁 무너지는 것 같았습니다. '내 인생에 또다시 이런 큰 어려움이 오나?' 싶었습니다. 아내를 어떻게 위로해야 할지 막막했습니다. 그렇지만 저는 그 소식을 들은 즉시 주님께 무릎을 꿇고 기도했습니다. 주님께 바로 달려갔습니다. 그리고 기도하는 그 순간 그 자리에서 주님이 주시는 응답을 받았습니다. 주님은 저에게 분명한 답과 위로를 주시고 마음의 확신을 주셨습니다. 저는 그 사실이 너무나 놀랍습니다. 16년 동안 하나님은 저를 너무나 놀랍게 바꾸셨고, 지금까지 계속 주님을 바라보게 하십니다. 저는 이것이 감사합니다. 나도 모르게 믿음이 자란 것입니다.

그로부터 다시 11년이 지난 지금, 저는 24시간 예수님을 바라보라는 도전을 가는 곳곳마다 하고 있습니다. 저는 아직 하나님을 완전히 믿는다고 말할 수 없습니다. 제 믿음은 수시로 흔들립니다. 그러나 분명한 것은 점점 달라지고 있다는 것입니다. 주님을 갈망하기 때문입니다. 하나님은 그분을 갈망하는 자를 절대로 외면하지 않으십니다. 누구나 하나님을 갈망하면 반드시 하나님의 역사를 체험하게 됩니다.

나를 사랑하는 자들이 나의 사랑을 입으며 나를 간절히 찾는 자가 나를 만날 것이니라 잠 8:17

여러분 안에 하나님을 향한 갈망, 나와 함께 계시는 주님을 향한 간절한 소원이 있습니까? 그것이 얼마나 놀라운 축복인지 모릅니다. 그 갈망이 일어난 것 자체가 이미 크신 주님의 역사입니다. 혹시 힘들고 어려운 일을 겪고 있는 분이 계십니까? 다윗의 이야기를 읽으면 감동보다 의심부터 들고 두려움이 앞서는 분이 계십니까? 여러분, 믿음은 믿어져야 진짜입니다. 그것은 주님이 주시는 것입니다. 그러나 반드시 여러분의 마음에 소원이 있어야 합니다. 여러분에게 필요한 것은 돈, 사람, 문제 해결이 아니라 살아 계신 하나님, 우리와 함께 계시는 그 하나님을 체험하는 것입니다.

아무것도 염려하지 말고 다만 모든 일에 기도와 간구로, 너희 구할 것을 감사함으로 하나님께 아뢰라 그리하면 모든 지각에 뛰어난 하나님의 평강이 그리스도 예수 안에서 너희 마음과 생각을 지키시리라 빌 4:6-7

하나님은 지금도 살아서 역사하십니다. 지금껏 여러분을 인도하셨습니다. 주님을 구하십시오. 여러분 안에 있는 주님을 향한 갈망을 주님께 올려드리십시오. 그것이 우리가 할 수 있는 전부입니다. 그러면 주님이 역사하십니다. 더욱 놀랍게 역사하실 주님을 바라보시기 바랍니다. 앞으로 주님이 하실 일들을 기대해보십시오.

세상을 두려워하지 않고, 먹고사는 염려를 하지 않고, 하나님의 영광을 위해 살 수 있도록 역사해주실 것입니다.

6

승리자의
편에 서라

하나님이 기뻐하시는 것은 우리의 믿음입니다. 우리가 교회에 모여 하나님께 예배하는 것을 기뻐하시는 것은 그것이 하나님에 대한 믿음이 있다는 증거이기 때문이기도 합니다. 그런데 이왕 믿음으로 하나님을 기쁘시게 하려면 교회에 나와 예배하는 믿음에서 두려움과 염려도 없는 더 깊은 믿음의 자리로 들어가시기 바랍니다.

염려하지 않는 믿음

저는 어려서부터 "믿음이 좋아야 한다", "믿음이 커야 한다"라는 말을 수도 없이 들었지만, 한동안 믿음이 좋다는 것이 정확히 무엇인지 알지 못하였습니다. 믿음을 착하고 성실한 것쯤으로 생각했습니다. 실제로 사람이 착하면 믿음도 좋아 보입니다. 그러나 믿음은 염려하지 않고 두려워하지 않는 것이었습니다. 믿음의 반대말은 염려와 두려움입니다. 내가 하나님을 믿으니 살아가는 동안 어떤 일을 만나도 더 이상은 두렵지 않고, 염려하지 않을 때 하나님이 기뻐하십니다. 저는 하나님을 믿으면서 염려하는 것이 얼마나 나쁜 것인지 몰랐습니다. 사람이 살다보면 당연히 염려와 걱정이 많지, 염려를 죄라고 할 수 있을까 생각했습니다. 그런데 성경을 읽어보니까 염려는 하나님이 대단히 싫어하시는 것이었습니다.

예수님은 우리에게 마지막 때에 조심할 세 가지에 대해 말씀하셨습니다. 방탕함과 술 취함과 생활의 염려입니다.

너희는 스스로 조심하라 그렇지 않으면 방탕함과 술 취함과 생활의 염려로 마음이 둔하여지고 뜻밖에 그날이 덫과 같이 너희에게 임하리라
눅 21:34

예수님이 보시기에 술 취하는 것과 방탕한 것과 생활의 염려가 같다는 것입니다. 교회에 예배드리러 온 사람 중에 술에 잔뜩 취한 사람을 봤다면 틀림없이 그 사람의 믿음이 온전하지 못하다고 여길 것입니다. 방탕하게 살았던 사람이 예배를 드리러 나왔다면 뻔뻔하다고 생각할 것입니다. 그런데 먹고사는 염려로 가득한 사람이 예배드리러 온 것에 대하여는 그다지 문제라고 느끼지 않습니다. 세상 살기가 너무 어렵고 염려거리도 많기 때문입니다. 하지만 '생활의 염려'는 영적으로 정상적인 것이 아닙니다. 술 취함과 방탕함과 같은 종류로 심각한 것입니다. 방탕함과 술 취함과 생활의 염려는 우리 마음을 둔하게 하여 주님이 다시 오실 때를 전혀 분별하지 못하게 만들었기 때문입니다. 그렇습니다. 염려하지 않는 믿

음이야말로 하나님이 기뻐하시는 믿음입니다.

다윗보다 더한 승리의 확신이 있는가?

시편 20편과 21편을 읽으면서 다윗의 놀라운 확신에 도전을 받았습니다. 다윗은 지금 전쟁하러 나가는 길인데 그런 사람이 어떻게 이렇게 담대할 수 있습니까?

> 어떤 사람은 병거, 어떤 사람은 말을 의지하나 우리는 여호와 우리 하나님의 이름을 자랑하리로다 시 20:7

> 왕이 여호와를 의지하오니 지존하신 이의 인자함으로 흔들리지 아니하리이다 왕의 손이 왕의 모든 원수들을 찾아냄이여 왕의 오른손이 왕을 미워하는 자들을 찾아내리로다 왕이 노하실 때에 그들을 풀무불 같게 할 것이라 여호와께서 진노하사 그들을 삼키시리니 불이 그들을 소멸하리로다 시 21:7-9

다윗은 전쟁터에 나가지만 하나님을 진정으로 믿었습니다. 하나님이 정말 자신을 원수의 손에서 구원하시고 이기게 하시고 함께하신다고 믿었습니다. 다윗은 두렵지 않았습니다. 전쟁터에 나가면서도 이겼다고 믿는 확신, 하나님은 이런 믿음을 기뻐하십니다. 그것이야말로 하나님을 진짜 믿는 것이기 때문입니다. 다윗은 하나님이 늘 함께하심을 믿었습니다. 그러나 우리는 다윗보다 더한 확신을 가져야 할 사람입니다. 하나님이 우리를 사랑하시고 함께하시고 구원하신다는 증거를 가지고 있기 때문입니다.

> 우리가 아직 죄인 되었을 때에 그리스도께서 우리를 위하여 죽으심으로 하나님께서 우리에 대한 자기의 사랑을 확증하셨느니라 롬 5:8

그것은 바로 예수님의 십자가입니다. 독생자 예수님을 우리 가운데 나게 하시고, 우리 죄를 대신 지고 십자가에 죽게 하시고, 사흘 만에 부활하셔서 우리의 그리스도가 되게 하셨습니다. 그리고 우리 안에 성령을 보내주셔서 우리와 늘 동행하게 하셨습니다. 다윗과 비교가 안 될 정도의 은혜입니다. 하나님께서 우리를 사랑하신다는 이보다 더 큰 증거가 어디 있습니까? 이것을 믿으면 우리는 어떤 어려움 속에서도 승리의 확신을 가지게 되는 것입니다. 하나님이 우리를 이토록 사랑하시고 우리와 함께 계시니 걱정하고 두려워할 것이 뭐가 있습니까? 그런데 예수를 믿고도 이런 분명한 믿음을 가지는 사람이 극히 드뭅니다. 분명히 예수님을 믿는데도 말입니다.

하나님은 무조건 내 편인 믿음?

큰딸이 초등학교 4학년 때 반에서 1등 하는 친구 집 생일잔치에 다녀와서 저에게 물었습니다. 그 친구의 부모는 어떤 사람이기에 그 아이가 이렇게 공부를 잘할까 궁금했다고 합니다. 그런데 그 집에 가서 크게 실망하고 돌아왔습니다. 그 엄마가 보살이라 불릴 정도로 불교를 열심히 믿는 집안이었다고 합니다. 딸이 자꾸 너무 이상하다고 했습니다. 여러분은 저희 딸이 무엇이 그렇게 이상했는지 이해할 수 있겠습니까?

하나님이 사랑의 하나님이요 능력의 하나님이요 축복의 하나님이 맞다면, 부산의 어느 초등학교 4학년 학급에 목사 딸이 있고 보살 딸이 있다면, 누가 1등을 해야 맞습니까? 그렇습니다. 하나님은 살아 계시고 축복의 하나님, 능력의 하나님이라고 어릴 때부터 듣고 자랐어도 초등학교 4학년만 되어도 그 믿음이 흔들립니다. 많은 그리스도인들이 하나님은 무조건 자기 편을 들어주시고, 무조건 자신을 도와주시고, 세워주시고, 이기게 하시고, 성공하게 하신다고 착각하고 있습니다. 또 그것을 믿어야 진짜 믿음이라고 생각합니다. 하지만 하나님은 우리의 이런 이기적인 마음과 욕심에 함께하시는 분이 아닙니다.

우리가 그렇게 믿으니까 불신자들이 성경을 오해하고 하나님을 오해하는 것입니다. 하나님께서 믿는 사람들만 잘되게 하시고 하나님을 믿지 않는다고 해서 비참하게 멸하신다면 과연 사랑의 하나님, 공의의 하나님이시냐는 것입니다.

하나님은 사울 왕에게 아말렉을 진멸하라고 엄히 명령하십니다.

지금 가서 아말렉을 쳐서 그들의 모든 소유를 남기지 말고 진멸하되 남

너와 소아와 젖 먹는 아이와 우양과 낙타와 나귀를 죽이라 하셨나이다

삼상 15:3

성경에 대하여 충분한 이해를 하지 못하면 아말렉이 아무리 나쁜 족속이라고 해도 어떻게 젖먹이까지 죽이라고 하실 수 있는지, 하나님을 잔인한 하나님이라고 오해할 수 있습니다. 그러나 사람들이 이런 오해를 하는 데는 그리스도인들의 이기적인 모습도 한 몫 한 것입니다. 우리가 살아가는 모습이 그들의 눈에 그렇게 비치는 것입니다.

모든 전쟁의 영적 배경

여러분, 성경에 나오는 모든 전쟁 이야기에는 영적 배경이 있습니다. 우리가 살아가는 이 세상은 무서운 영적 전쟁 중입니다. 그것은 사람들을 죄와 저주에서 구원하시려는 하나님을 대적하여 사람들을 영원히 죄와 멸망의 자식이 되게 만들려고 하는 마귀와의 싸움입니다. 그 전쟁에서 하나님은 반드시 승리하십니다. 하나님은 마귀의 계획을 꺾으시고 사람들을 죄와 저주에서 구원해내시는 분입니다.

우리의 씨름은 혈과 육을 상대하는 것이 아니요 통치자들과 권세들

과 이 어둠의 세상 주관자들과 하늘에 있는 악의 영들을 상대함이라 엡 6:12

우리의 싸움은 결코 사람을 상대로 싸우는 것이 아닙니다. 어떤 사람이 미움의 대상이자 싸움의 대상이 아니라는 것입니다. 마귀가 바로 우리의 싸움의 대상입니다. 성경에서 하나님의 자녀들이 승리를 확신하는 것은 하나님이 반드시 마귀를 멸하시며 마귀의 계획은 반드시 꺾인다는 믿음 때문입니다.

예수 그리스도, 온 인류의 구주는 다윗의 후손으로 나게 되어 있습니다. 그러므로 다윗은 단순히 한 왕이 아닙니다. 그는 하나님의 구원 계획을 이루기 위한 하나님의 계획 속에 있는 왕입니다. 마귀가 그 사실을 모를 리 없습니다. 그래서 마귀는 어떻게든지 하나님의 구원 계획이 이루어지지 않도록 하나님의 택한 왕을 대적합니다. 원수 역시 단순한 전쟁의 상대가 아니라 하나님의 구원 계획을 꺾으려는 마귀의 역사를 말하는 것입니다. 하나님은 반드시 그 전쟁에서 승리하십니다. 마귀가 아무리 대적해도 하나님이 이기십니다.

다윗이 가진 확신은 하나님의 구원 계획 속에 있으면 그 계획을 이루지 못하게 만드는 마귀의 계획은 반드시 꺾인다는 것입니다. 그러므로 나가서 싸우면 반드시 이기게 되어 있다는 말입니다. 하나님이 함께하시고 그것이 하나님의 일이기 때문입니다. 그래서 다윗은 자신이 싸우는 전쟁은 하나님의 전쟁임을 믿은 것입니다.

여러분, 예수님이 이 땅에 오시고 십자가를 지심으로 마귀의 계획은 완전히 무너졌습니다. 예수님은 마귀의 일을 멸하러 오셨습니다.

죄를 짓는 자는 마귀에게 속하나니 마귀는 처음부터 범죄함이라 하나님의 아들이 나타나신 것은 마귀의 일을 멸하러 하심이라 요일 3:8

전쟁은 십자가에서 끝났습니다. 그래서 예수님이 십자가에서 죽으실 때 "다 이루었다!"라고 외치셨습니다. 온 인류에 대한 하나님의 구원 계획은 완전히 이루어졌습니다. 이것이 성경이 증거하는 것입니다. 우리는 이 사실을 분명히 알아야 합니다. 그래야 우리 안에 확신이 생깁니다.

이긴 전쟁을 싸우고 있는 사람들

전쟁이 끝났고 마귀의 계획이 다 무너졌는데, 그러면 왜 지금도 마귀의 역사가 나타납니까? 왜 예수 믿는 성도들이 고난과 시련을 겪고 좌절하는 일들이 생기는 것입니까? 그러나 이상하게 생각할 필요는 없습니다.

주의 약속은 어떤 이들이 더디다고 생각하는 것같이 더딘 것이 아니라 오직 주께서는 너희를 대하여 오래 참으사 아무도 멸망하지 아니하고 하나님은 온 인류가 구원받을 완전한 복음의 승리를 이루셨지만, 아직도 예수를 믿지 않는 사람들이 많습니다. 만약 지금 마귀를 지옥에 결박한다면 마귀의 종 노릇하는 사람들도 따라서 다 지옥에 가야 합니다. 그중에는 우리의 사랑하는 가족, 친척, 친구가 있습니다. 우리가 정말 구원해야 할 이웃이 있습니다. 그들이 지금 다 지옥에 가도 좋습니까? 그럴 수는 없습니다. 다행히 아직은 하나님께서 택한 자들에게 구원받을 기회를 주고 계시는 기간입니다. 하나님은 구원하기로 정한 이들이 다 구원받기를 원하십니다. 그러므로 지금은 회개할 기회요 예수 믿어 은혜받을 만한 때요 구원의 날입니다. 그래서 우리가 전도하는 것입니다.

이제 주 예수님이 재림해 오시고 하나님의 나라가 이 땅에 임할 것입니다. 복음은 땅끝까지 모든 민족에게 전해지게 될 것이고, 하나님의 심판이 임할 것이며, 마귀의 세력은 완전히 사라지고 죄의 권세도 사라질 것입니다. 마귀도 이제 자기의 마지막 때가 다가온 줄 알고 한 사람이라도 더 예수 믿지 못하게 만들려고 최후 발악을 합니다. 그래서 그리스도인이 힘들기도 합니다. 악한 공격을 당하기도 합니다. 그러나 하나님은 단지 마귀가 지옥에 갈 때를 잠시 뒤로 미루어놓고 계신 것뿐입니다.

때때로 우리에게 어려움이 있지만 분명한 것은 우리는 이미 이긴 전쟁을 싸우고 있다는 것입니다. 마귀의 세력이 아무리 강해 보여도 그들은 이미 꺾였습니다. 이것은 이미 끝난 전쟁입니다. 마귀가 무섭게 역사하는 것 같아도 그들이 이미 진 싸움입니다. 이것을 분명히 믿어야 합니다. 이것이 다윗이 가졌던 믿음이며 승리의 확신입니다. 그리고 하나님께서 오늘 우리에게 바라시는 믿음입니다.

승리자의 편에 서 있는가?

다윗의 경험은 그만의 경험이 아닙니다. 구원받은 모든 성도들의 경험입니다. 우리는 오직 한 가지만 살펴보아야 합니다. 이 승리의 확신은 우리의 이기적인 동기와 욕심을 이루는 데 적용될 수 없다는 것입니다. 우리가 정말 죄와 거짓, 불의와 욕심과 싸우고, 미워하는 것과 싸우고, 사탄의 역사와 싸우는지를 점검해야 합니다. 그렇다면 하나님은 반드시 승리를 주십니다. 어려워 보여도, 질 것 같아도 반드시 승리를 주십니다. 여러분의 가정, 직장, 학교에서 기도하며 복음을 전하고 있다면 어려움이 와도 절대 두려워하지 마십시오. 여러분은 승리자의 편에 서 있는 것입니다. 하나님은 반드시 역사하십니다.

첫째, 하나님이 주시는 마음이 있는가?

세상 가운데 정직하고 의롭게 살아야겠다는 마음이 있다면 그것은 하나님의 마음입니다. 세상 사람들이 다 아니라고 해도, 그러면 다 망한다고 해도 두려워하지 마십시오. 하나님은 살아 계십니다. 하나님은 의로우신 분입니다. 여러분이 하나님의 의(義)가 이루어지기 원해서 헌신했다면 하나님의 나라를 위해 살고 있다면 잘 사는 것입니다. 이 땅이 전부가 아닙니다. 다윗은 그 사실을 알았기 때문에 두려움이 없었습니다. 하나님이 반드시 이기게 하실 것을 믿었습니다. 다윗은 늘 하나님이 자신과 함께 계시는지 그것만 확인했습니다. 그렇기 때문에 승리의 확신을 가졌던 것입니다.

내가 여호와를 항상 내 앞에 모심이여 그가 나의 오른쪽에 계시므로 내가 흔들리지 아니하리로다 시 16:8

이것은 다윗의 중심에서 나온 고백입니다. 그는 여호와 하나님을 항상 자기 앞에 모시고 살았습니다. 하나님이 옆에 계시니까 조금도 흔들림이 없었습니다. 우리도 계속 확인해야 합니다. 제가 24시간 예수님을 바라보라고 하는 것도 이 때문입니다. 예수님이 여러분과 함께 계신 것을 알면 두려울 게 없습니다. 하나님의 기뻐하시는 뜻대로 이 세상을 담대히 살아가면 됩니다.

영국의 정치가 윌리엄 윌버포스는 노예무역이 하나님이 기뻐하시는 일이 아니라는 것을 알았습니다. 노예무역이 금지되면 국가에 막대한 손실을 일으킵니다. 그러나 하나님의 사람이었던 윌리엄 윌버포스는 영국이 하나님의 뜻이 이루어지는 나라가 되기를 바라며 노예무역의 폐지를 위해 헌신했습니다. 온갖 공격과 방해가 있었지만 그는 굴하지 않았습니다. 링컨 대통령은 흑인 노예해

방을 위하여 생명을 걸었습니다. 마틴 루터 킹 목사는 백인과 흑인의 차별이 없는 사회가 이루어지는 것을 하나님의 뜻으로 믿었습니다. 하나님이 주신 마음이었습니다.

하나님이 기뻐하시는 일을 하고 있다면 용기를 가지셔도 됩니다. 지금 잘 가고 있는 것입니다. 두려워하지 마십시오. 하나님은 반드시 역사하실 것입니다. 물론 두려움이 수시로 찾아옵니다. '세상 사람들은 그렇게 안 사는데, 다 자기 이해관계와 욕심을 따라 사는데, 나만 유별나게 하나님을 위해 살다가 큰 어려움을 당하는 건 아닐까?' 그런 두려움이 올 때마다 여러분과 함께 계시는 주님을 바라보십시오.

둘째, 자신을 위해 살지 않는가?
우리가 승리자의 편에 서면 하나님께서 확신을 주십니다.

그가 모든 사람을 대신하여 죽으심은 살아 있는 자들로 하여금 다시는 그들 자신을 위하여 살지 않고 오직 그들을 대신하여 죽었다가 다시 살아나신 이를 위하여 살게 하려 함이라 고후 5:15

자신을 위하여 살지 않는다는 말에 두려워하지 마시기 바랍니다. 이것은 가난하게 되고 비참하게 된다는 뜻이 아닙니다. 이제 더는 나를 위해 살 이유가 없어졌다는 것입니다. 주님이 나를 위하시고 하나님이 내 아버지가 되시는데 나를 위하여 살 이유가 뭐가 있습니까? 주님을 완전히 믿으니까 더 이상 먹고살 걱정이 없습니다. 오직 예수님만 위하여 살 뿐입니다. 그러면 어떤 일을 만나도, 어떤 사람이 죽이려고 달려와도 담대할 수 있습니다.

우리가 욕심을 품고 거짓을 말하고 죄의 종 노릇하면 우리는 결코 승리자의 확신을 얻지 못합니다. 하나님이 무조건 다윗의 편은 아니었습니다. 다윗이 충복 우리아의 아내 밧세바를 범하고, 우리아를 적의 손에 죽게 한 적이 있었습니다. 그가 간음죄와 살인죄를 범한 것입니다. 하나님은 나단 선지자를 보내어 다윗 왕을 심판하려 하셨습니다. 그 때 다윗은 왕이었습니다. 그러나 아무 힘이 없는 선지자를 왕의 권력으로 처치하고 자기 죄를 덮어버리려 하지 않고 신하들이 보는 앞에서 꼬꾸라져 하나님께 자기 죄를 자백하고 회개하였습니다. 그래서 그가 살았음을 명심해야 합니다.

한번은 제자훈련 수료식이 있었는데 한 분이 이런 간증을 하셨습니다. 처음 교회에 왔는데 교인들이 너무 많아 누구 한 사람 자기를 기억하고 환영해주는 사람이 없는 것 같았다고 합니다. 자기가 주일에 교회에 안 나와도 붙잡아주는 사람이 없어 한동안 마음을 잡지 못하고 방황하기도 했는데, 어느 날 술을 잔뜩 마시고 있는데 마음속에서 성령님이 이렇게 말씀하시는 것 같았다고 합니다.

"너, 제발 술 좀 마시지 마라. 내가 다 취하겠다."

이 성도님이 깜짝 놀라 그 즉시 마음을 정하고 술을 끊고 제자훈련을 잘 받았다고 간증하였습니다. 여러분, 하나님의 기뻐하시는 뜻대로 살면 반드시 승리한다는 분명한 믿음을 가지려면 예수님이 우리 안에 계심을 명심해야 합니다. 나와 함께 계신 주님을 바라보면 됩니다. 어떻게 술 담배를 합니까? 어떻게 욕심과 거짓과 죄의 종 노릇을 할 수 있습니까? 예수님을 알면 더 이상 자신을 위해 살고 싶지가 않습니다. 인생의 목적이 달라집니다. 전에는 나를 위해 살았는데 예수님을 믿고 나니까 걱정할 것이 없습니다. 주님이 다 책임져주시기 때문입니다.

셋째, 24시간 예수님을 바라보는가?

승리의 확신을 가지고 살려면 24시간 예수님을 바라보아야 합니다. 부산 수영로교회의 고(故) 정필도 원로목사님의 사모님의 간증에 은혜를 받았습니다. 사모님이 큰 수술을 앞두고 전신마취 중에 환상을 보았는데, 끝없이 펼쳐진 꽃밭에서 예수님을 만났습니다. 예수님과 함께하는 시간이 얼마나 좋은지 남편도 잊고 아이들도 생각나지 않더니, 마취가 깨면서 좁고 어두운 터널 속으로 빠져나오는데 "주님, 이제 다 왔습니다"라는 자신의 목소리를 들었다는 것입니다. 남편이 말하기를 마취에서 깨어나 목사님을 두 팔로 끌어안으며 "나는 당신보다 예수님을 더 사랑해요!" 하면서 눈물을 펑펑 흘렸다는 것입니다.

사모님은 평소에 남편은 눈에 보이고 예수님은 눈에 안 보이니 '내가 예수님보다 남편을 더 사랑하는 것이 아닐까?' 하는 마음이 있었습니다. 그러나 이 체험을 하고 나서 '내가 예수님을 더 사랑하는구나!' 하고 자유함이 생겼고, 그 후 남편과 아이들에게 마음껏 사랑을 표현할 수 있었다고 합니다.

그런데 어느 해인가 교회에 너무 어려운 시험이 왔고 힘들고 속상해하며 설거지를 하는데 이런 기도가 나오더랍니다. "하나님, 이것은 분명히 마귀의 역사이지요? 어떻게 이런 일이 벌어집니까?" 그 순간 하나님께서 이 말씀을 생각나게 하셨습니다.

참새 두 마리가 한 앗사리온에 팔리지 않느냐 그러나 너희 아버지께서 허락하지 아니하시면 그 하나도 땅에 떨어지지 아니하리라 마 10:29

이 말씀을 깨닫는 즉시 사모님은 부엌 바닥에 납작 엎드렸다고 합니다. "하나님, 이것도 하나님이 하셨군요. 그렇다면 안심입니다. 이제 근심하지 않겠습니다." 그리고 일어나 다시는 그 일로 염려하거나 두려워하지 않았고, 결국 그 일이 잘 해결되어 더 유익하게 되었다는 것입니다.

여러분, 하나님이 내 편이냐 아니냐로 고민하지 말고 여러분이 항상 승리자이신 하나님 편에 서기를 힘쓰시기 바랍니다. 여러분과 함께 계시는 예수님만 바라보면 주님이 이끌어 가시는 길에 두려움은 없습니다. 이미 우주에서 영적으로 끝난 싸움입니다. 하나님께 내 편이 되어달라고 할 것이 아니라 여러분이 하나님의 편에만 서면 됩니다.

여호와여 왕이 주의 힘으로 말미암아 기뻐하며 주의 구원으로 말미암아 크게 즐거워하리이다 시 21:1

왕이 여호와를 의지하오니 지존하신 이의 인자함으로 흔들리지 아니하리이다 시 21:7

여호와여 주의 능력으로 높임을 받으소서 우리가 주의 권능을 노래하고 찬송하게 하소서 시 21:13

아멘입니다! '왕' 대신 '제가'를 넣어 읽어보시기 바랍니다.

"여호와여 '제가' 주의 힘으로 말미암아 기뻐하며 주의 구원으로 말미암아 크게 즐거워하리이다. '제가' 여호와를 의지하오니 지존하신 이의 인자함으로 흔들리지 아니하리이다. 여호와여 주의 능력으로 높임을 받으소서. '제가' 주의 권능을 노래하고 찬송하게 하소서."

여러분, 승리자의 편에 서야 합니다. 여러분의 인생을 거기에 두셔야 합니다. 그러면 하나님께서 이 말씀의 은혜를 놀랍게 부어주십니다.

7

| 시편 22편 1-31절 |

무엇이
우리를
하나님의 사랑에서
끊을 수 있으랴?

지금은 무신론이 마치 상식과 교양처럼 여겨지는 시대입니다. 200여 년 전부터 급속하게 일어나기 시작한 무신론은 급기야 2009년 영국 런던에서 대중버스에 아주 도발적인 광고를 할 지경이 되었습니다.

"There is probably no God! Now stop worrying and enjoy your life"(하나님은 거의 안 계신다! 이제 걱정하지 마. 마음껏 삶을 즐겨).

하나님이 안 계신 게 거의 틀림없으니까 걱정하지 말고 마음껏 인생을 즐기라는 것입니다. 하나님이 안 계신다고 생각하는 것은 어쩔 수 없는 일이라 하더라도 '왜 하나님 때문에 삶을 즐기지 못한다고 했을까? 도대체 무슨 즐거움을 말하는 걸까?' 궁금한 생각이 듭니다.

랜디 알콘의 《악의 문제 바로 알기》(두란노)라는 책에 보면 바트 어만이라는 사람의 이야기가 나옵니다. 바트 어만은 자신이 독실한 크리스천이었다고 합니다. 고등학생 때 예수님을 영접한 뒤 선교단체 활동도 하고, 휘튼대학에서 공부하였고, 프린스턴신학교에서 신약 박사학위도 받은 사람입니다. 그런데 지금은 하나님을 부인하게 되었다는 것입니다. 그는 죄와 고통의 문제에 대한 성경의 대답이 엉터리라고 주장하며 여러 권의 책을 썼습니다. 무신론자들은 그의 등장에 열광하고 있습니다.

랜디 알콘은 이처럼 하나님을 부인하는 사람들의 주장을 자세히 분석했고 그들이 하나님을 부인하는 가장 큰 이유가 악과 고난의 문제라는 점을 지적했습니다. 하나님이 정말 살아 계시고 선하신 사랑의 하나님이시라면 어떻게 세상에 불의한 일과 죄 없는 자가 고난당하고 죽는 일이 일어나느냐는 것입니다. 바트 어만처럼 하나님을 믿던 그리스도인조차 이런 고난을 당하면 '하나님이 정말 계시는가?' 하고 휘청거리게 됩니다. 그럴 때는 하나님이 안 계신다고 하는 것이 훨씬 더 논리적이라는 것입니다. 하나님이 안 계신다고 하면 문제가 안 되는데, 하나님이 계신다고 하면 화가 나기 때문입니다. 그러나 랜디 알콘은 악과 고난의 문제를 정확하게 알면 오히려 하나님을 더 믿을 수밖에 없다는 사실을 설득력 있게 설명합니다.

다윗의 탄식 그리고 찬양

고난은 참 신비한 역할을 합니다. 고난은 어떤 사람이 하나님의 사람인지 아닌지를 명확하게 구분해주는 역할을 합니다. 하나님의 사람은 하나님의 영이 그 사람 안에 있는 사람입니다. 그런지 아닌지는 고난을 당해보면 알 수 있습니다. 하나님의 영이 있는 사람은 고난당할 때 하나님을 더 믿고 가까이하게 됩니다. 그러나 하나님의 영이 있지 않은 사람은 고난을 만나면 하나님을 부인하고 급기야 하나님을 떠나게 됩니다. 정말 놀라울 정도로 성령님이 마음에 계신 사람과 성령님이 마음에 계시지 않은 사람의 반응이 다릅니다.

다윗이 시편 22편을 쓸 때 그는 너무나 고통스러운 상황에 있었습니다. 그가 겪은 고통을 정리하면 세 가지입니다. 하나는 고난이 너무 심하여 하나님이 자신을 버리셨나 의심이 들 정도라는 것입니다.

내 하나님이여 내 하나님이여 어찌 나를 버리셨나이까 어찌 나를 멀리 하여 돕지 아니하시오며 내 신음소리를 듣지 아니하시나이까 시 22:1

그의 두 번째 고통은 아무리 기도해도 하나님이 침묵하신다는 것입니다. 자신에게 왜 이런 어려움이 생기는지 하나님께 물어도 아무 대답이 없다는 것입니다. 하나님의 침묵은 겪어본 사람만이 아는 고통입니다.

내 하나님이여 내가 낮에도 부르짖고 밤에도 잠잠하지 아니하오나 응 답하지 아니하시나이다 시 22:2

세 번째 고통은 고난당하는 자신을 보고 사람들이 조롱한다는 것입니다.

나는 벌레요 사람이 아니라 사람의 비방 거리요 백성의 조롱거리니이 다 시 22:6

다윗이 얼마나 큰 어려움을 겪었으면 이렇게 힘들어할까요? 그런데 놀라운 것은 이 기막힌 상황에서 다윗이 고통으로 탄식하면서도 계속 주님을 찬양하고 있다는 것입니다. 정말 어울리지 않습니다.

이스라엘의 찬송 중에 계시는 주여 주는 거룩하시니이다 시 22:3

탄식하는 것 같다가 다시 찬양하고, 기도하다가 다시 찬양하고, 결국은 찬양으로 마칩니다.

내가 주의 이름을 형제에게 선포하고 회중 가운데에서 주를 찬송하리 이다 시 22:22

겸손한 자는 먹고 배부를 것이며 여호와를 찾는 자는 그를 찬송할 것이 라 너희 마음은 영원히 살지어다 시 22:26

예수 십자가 고난의 예표

우리가 시편 22편을 어떻게 이해해야 합니까? 다윗은 지금 괴로워합니까? 찬송합니까? 괴로워하고 있습니다. 그런데 동시에 찬송하는 이 역사를 뭐라고 설명해야 합니까? 바로 다윗과 함께하신 성령님의 역사입니다. 성령께서 다윗에게 그 기막힌 고난 속에서도 계속해서 하나님의 은혜를 바라보게 하시고, 하나님의 계획을 깨닫게 하시고, 믿음으로 주님께 더 나아가게 만들고 계신 것입니다.

여러분, 이 시편은 우리에게 생소하지 않습니다. 시편 22편은 예수님이 십자가 달리실 때 겪으신 고난을 그대로 묘사하고 있기 때문입니다.

내 하나님이여 내 하나님이여 어찌 나를 버리셨나이까 시 22:1

예수님도 십자가에서 크게 소리지르셨습니다.

나의 하나님, 나의 하나님, 어찌하여 나를 버리셨나이까 마 27:46

예수님도 겟세마네 동산에서 이 잔을 지나가게 해달라고 간절히 기도하셨지만, 하나님께서 들어주지 않으셨습니다.

나를 보는 자는 다 나를 비웃으며 입술을 비쭉거리고 머리를 흔들며 말하되 그가 여호와께 의탁하니 구원하실 걸, 그를 기뻐하시니 건지실 걸 예수님도 십자가에서 이런 조롱을 당하셨습니다.

나는 물같이 쏟아졌으며 내 모든 뼈는 어그러졌으며 시 22:14

이 부분부터 다윗은 시적인 표현을 쓰고 있습니다. 그가 실제로 뼈가 어그러지는 일을 겪은 것은 아니지만 그 정도로 괴롭다는 것입니다. 그런데 예수님은 십자가에서 그대로 다 겪으셨습니다.

…내 혀가 입천장에 붙었나이다… 시 22:15

…악한 무리가 나를 둘러 내 수족을 찔렀나이다 시 22:16

내 겉옷을 나누며 속옷을 제비 뽑나이다 시 22:18

예수님이 그대로 다 겪으신 일입니다. 그렇습니다. 다윗의 고통은 예수님의 십자가 사건에 대한 예언적 사건이었습니다. 하나님은 다윗이 고난당하는 것을 잊으신 것도 아니고, 멀리 계신 것도 아닙니다. 하나님의 뜻을 이루기 위해서 허락하신 것입니다. 하나님이 왜 그렇게 하셨습니까? 사람들로 하여금 "예수님이 십자가에 달려 죽으신 게 하나님의 계획대로 된 일이구나", "예수님이 어찌

다가 십자가에서 죽으신 게 아니구나", "하나님이 다 준비해놓으신 일이었구나" 하고 하나님의 깊은 섭리 가운데서 이루어진 예수님의 십자가 구속의 은혜를 믿게 하시려고, 다윗이 이것을 미리 겪게 하신 것입니다.

다윗 안에 계신 성령님

그러니까 다윗 안에 계신 성령님이 다윗이 알 수 없는 고난을 겪으며 괴로워할 때 다윗에게 알려주지 않으셨겠습니까? 다윗이 그 상황에서 믿음을 지킬 수 있도록 성령님께서 그를 도와주지 않았겠느냐는 말입니다. 이것은 단순한 추측이 아닙니다. 성경에 분명히 그렇게 나옵니다.

여러분은 그리스도를 본 일이 없으면서도 사랑하며, 지금 그를 보지 못하면서도 믿으며, 말로 다 표현할 수 없는 즐거움과 영광을 누리면서 기뻐하고 있습니다. 여러분은 믿음의 목표 곧 여러분의 영혼의 구원을 받고 있는 것입니다. 예언자들은 이 구원을 자세히 살피고 연구하였습니다. 그들은 여러분이 받을 은혜를 예언하였습니다. 누구에게 또는 어느 때에 이런 일이 일어날 것인지를 그들이 연구할 때에, 그들 안에 계신 그리스도의 영이 그리스도에게 닥칠 고난과 그 뒤에 올 영광을 미리 증언하여 드러내주셨습니다 벧전 1:8-11, 새번역 너무 놀랍지 않습니까? 다윗과 함께하던 하나님의 영이 다윗이 왜 이런 고난을 겪고 있는지 깨닫게 해주셨다는 것입니다. 그래서 다윗이 말할 수 없는 고난을 당하면서도, 하나님의 이해할 수 없는 침묵을 겪으면서도 그의 심령 속에서 찬송이 터져 나온 것입니다.

코리 텐 붐(Corrie ten Boom) 여사는 나치 강제수용소에서 말할 수 없는 고초를 당했습니다. 열한 살 된 누이까지 잃었습니다. 그런데 사람들이 그 엄청난 시련을 어떻게 견뎠는지를 묻자 코리 텐 붐 여사가 이렇게 대답했습니다. "'어떻게'가 아니라 '누구'로 인해 그 시련을 견디셨습니까? 이렇게 물으셔야 합니다." 그렇습니다. 하나님의 자녀인 우리는 고난을 겪으면서도 우리를 도와주시는 성령님 때문에 오히려 하나님을 찬양하고 감사하게 됩니다. 그 성령 하나님이 우리 안에 계십니다. 다윗 안에도 계시지만 우리 안에도 오셨습니다. 우리가 기막힌 고난의 자리에 있을 때라도 성령님은 능히 우리를 도와주십니다.

하나님께로 더 가까이 이끄는 고난

랜디 알콘은 그 책에서 바트 어만이 진정으로 거듭난 크리스천이 아니라고 설명하고 있습니다. 그런 무신론자들은 이유 없이 고난을 당하면 사람들이 다 하나님을 부인할 거라고 말합니다. 그런데 진짜 그렇습니까? 고난을 겪고 나서 믿음이 더 커진 사람, 오히려 하나님을 예배하고 찬송하는 이들이 많습니다. 하나님을 믿는 정도가 아니라 하나님께 감사하고 하나님을 사랑하는 증인이 수도 없이 많습니다.

물론 하나님을 믿는 사람도 병이 듭니다. 사도 바울에게도 육신의 가시가 있었습니다. 하나님을 의지하는 사람도 사업을 하다가 실패할 수 있고 가정의 어려움을 겪을 수도 있습니다. 다른 사람들에게 오해를 받고 중상모략을 당해 괴로울 때도 있습니다. 그러나 예수를 믿고 성령으로 사는 성도는 그런 어려움이 오히려 믿음이 완전히 새로워지는 계기가 됩니다.

20세기에는 지난 1900년을 합친 것보다 더 많은 기독교 순교자가 생겼다고 합니다. 지금도 매년 2만 명 이상의 크리스천이 처형되고 수백만 명이 감옥에 갇혀 살고 있습니다. 그러면 예수 믿는 사람은 이제 없어져야 하는 것 아닙니까? 그런데 20세기 들어 예수 믿는 사람이 가장 많아졌습니다. 이것을 어떻게 설명하겠습니까?

1977년에 중국 공산당은 공식적으로 대담한 선언을 하였습니다. "우리는 종교가 미신이고 혁명을 지연시키는 것이라고 믿는다. 지금 중국에 소수의 기독교인이 남아 있지만 그들은 이미 모두 늙었다. 이제 그들은 죽을 것이고, 그렇게 되면 중국에서 기독교는 끝날 것이다." 그런데 오늘날 중국의 기독교인은 매일 2만5천 명씩 늘어나는 추세입니다.

성령님은 우리가 어떤 고난을 당하더라도 오히려 믿음이 굳세지고 하나님께 더 가까이 나아가게 하십니다. 우리의 믿음이 흔들릴 때 성령님은 우리에게 하나님께 더 가까이 가라고 말씀하십니다.

나를 멀리하지 마옵소서 환난이 가까우나 도울 자 없나이다 시 22:11

여호와여 멀리하지 마옵소서 나의 힘이시여 속히 나를 도우소서 시 22:19

그래서 다윗도 극심한 고통 속에서 하나님을 의지하며 부르짖었습니다. 금요성령집회 후 안수기도 시간에 한 남자 성도가 기도를 받으러 나왔습니다. 서 있기 힘들어하셔서 의자를 갖다드렸습니다. 기도 카드를 보는데 가슴이 먹먹했습니다. "불의의 사고로 두 다리를 절단하고 의족을 착용하고 있습니다. 죽음 가운데서 살려주신 하나님께 감사하면서도 그때 왜 저를 온전히 지켜주시지 않았는지 원망의 마음이 있습니다. 감사할 수 있는 마음을 갖도록 기도해주세요. 기쁨과 성령충만을 허락해주세요." 이런 마음을 갖게 하는 분이 성령님이십니다. 저는 정말 간절히 성령이 임하시기를 기도했습니다.

하나님이 아무것도 안 하셨나요?

어느 목사님이 사랑하는 딸을 먼저 천국에 보냈습니다. 그 목사님이 일기에 이렇게 쓰셨습니다. "그 일이 있고 난 뒤 1년 반쯤 지나서 어느 날 새벽기도 시간에 갑자기 죽은 딸 생각이 나서 한없이 울었다. 그날은 종일 울었고 그 주간은 매일 울었다. 그날 하나님 이 나에게 물으셨다. '마음이 괴롭지? 네 딸이 잊히지 않지?', '네, 하나님.' '이제 내 마음을 알겠니?' 너무 당황스러웠다. '주님, 무슨 뜻입니까?', '나도 십자가에서 내 사랑하는 아들을 잃었단다'라고 말씀하셨다." 그 목사님은 통곡했습니다. 딸을 잃고 나서야 비로 소 독생자를 보내신 아버지 하나님의 심정이 어떤 것인지 느낄 수 있었다고 합니다.

사람들은 불의한 세상과 악인으로 인해 온갖 죄악이 극성일 때 하나님은 도대체 어디 계신 거냐고 말합니다. 도처에 기근과 질병 과 지진과 전쟁으로 수많은 사람들이 고통당할 때 하나님은 도대 체 뭐하시느냐고 말합니다. "하나님은 왜 악에 대하여 아무런 행 동도 하지 않으십니까?" 이 질문에 대한 하나님의 대답은 '십자가' 입니다.

존 스토트 목사님이 아시아 여러 나라를 여행하다가 절에서 불 상을 본 소감을 이야기했습니다. 가부좌를 틀고 앉아 팔짱을 끼고 눈을 감은 채 입가에 엷은 미소를 머금고 세상 번뇌에 대하여 초연 한 표정을 짓고 있는 부처상을 보며 한편으로 경외감이 들다가 불 현듯 십자가의 예수님이 생각났다고 합니다. 예수님이 어떤 분입 니까? 외롭고 뒤틀리고 처절한 고초를 당하시고, 손과 발에 못이 박히고, 옷은 찢어지고 사지는 비틀어지고, 이마는 날카로운 가시 에 찔려 피를 흘리고, 입술은 말라 갈증을 견딜 수 없었고, 하나님으로부터도 버림을 당하신 분. 이것이 바로 우리를 구원하신 예수님이십니다.

하나님께서 아무것도 안 하셨나요? 성령님은 우리 안에서 예수님의 십자가를 바라보게 하십니다. 그래서 다윗도 찬송하게 되었습니다. 성령님은 우리에게 천국과 지옥을 열어 보여주십니다. 천국과 지옥을 알면 이 세상의 복과 저주의 개념이 완전히 달라집니다. 어떤 사람은 세상에서 부귀영화를 다 누리다가 이 세상을 떠날 때 지옥문이 내려다보이니까 안 죽으려고 발버둥을 칩니다. 그러면 이 세상에서 잘산 것이 무슨 의미가 있습니까? 그러나 이 세상에 사는 동안 믿음의 선한 싸움을 싸우다가 고생해도 그가 마지막으로 주님 앞에 갈 때 천국 문이 환히 열리고 면류관이 기다리는 것을 보는 사람은 얼마나 행복합니까!

성령 하나님을 의지하라

빨갛게 익은 작은 대추 한 알도 서리를 맞고, 태풍을 맞고, 천둥벼락을 견디고, 땡볕이 꽂히고 그런 다음 붉어지고 둥글어집니다. 작은 대추 한 알도 그렇다면 천국 백성이 되는 일이 어디 그리 간단할까요? 이 세상은 마귀가 왕 노릇하는 곳입니다. 그런데 우리가 편안하게만 살다가 어떻게 천국 백성이 될 거라고 생각하십니까?

존 패튼(John G. Paton) 선교사는 남태평양 뉴 헤브리디스에서 사역했습니다. 그곳은 25년 전에 두 명의 선교사가 다녀간 곳인데 두

선교사는 그곳에 도착한 지 15분 만에 원주민들에 의해 맞아 죽었고, 심지어 원주민들이 잡아먹었기 때문에 그 소문이 퍼진 후로 그곳에 선교사로 가겠다는 사람이 없었습니다.

그런데 25년 후, 스코틀랜드의 젊고 유망한 존 패튼 목사가 그곳에 선교사로 가겠다고 나섰습니다. 모든 사람이 다 그를 말렸습니다. 디킨스라는 노신사는 존 패튼 목사님을 만날 때마다 "그들은 식인종이에요. 당신은 그들에게 먹힐 거예요. 가지 마세요"라고 말했습니다. 참다못한 패튼 목사님이 말했습니다. "디킨스 씨, 저보다 나이가 많으시죠? 그러니 저보다 빨리 무덤에 누우실 것입니다. 그러면 디킨스 씨의 몸은 벌레들에게 먹힐 게 아닙니까? 잘 들으세요. 예수 그리스도를 섬기고 그분을 높이다가 죽을 수만 있다면 식인종들에게 먹히든 벌레들에게 먹히든 무슨 상관인가요? 어차피 최후 심판의 날 내 몸이 부활하신 우리 구주처럼 깨끗하게 부활할 텐데 말이에요."

패튼 목사님은 뉴 헤브리디스 군도에서 43년간 사역했습니다. 아내도 아이들도 그곳에서 죽었습니다. 그는 그곳에서 배신도 당하고 난파도 당하고 무서운 질병으로 고생도 했습니다. 동료들이 순교하는 것도 보았습니다. 그러나 결국 그 군도 전체가 변화되어 예수님을 믿게 된 것을 보았습니다.

우리 가운데 감당하기 어려운 고통을 겪는 분이 계십니까? 하나님이 나를 잊으시고, 나를 버리신 것처럼 생각되는 분이 계십니까? 고통으로 부르짖는 신음소리를 듣지 않으시는 것처럼 여겨집니까? 주변 사람들의 비웃음을 감당하기 어렵습니까? 그럴수록 더욱 성령 하나님을 의지하시기 바랍니다. 성령 하나님께 들으시기 바랍니다. 우리는 더욱 성령의 도우심을 구해야 합니다. 성령님만이 우리를 도우실 수 있습니다.

고난의 신비

제가 미국 코스타(KOSTA, 해외유학생수련회)에 갔을 때 터키에서 사역하신 김요한 선교사를 만났습니다. 그 분이 터키 선교사로 있을 때 겪은 고난에 대해 말씀하셨습니다. 복음을 전하다 터키 경찰에 여러 번 붙들려 가서 기억하기도 싫을 만큼 고문을 많이 당했다고 합니다. 머리를 벽에 하도 많이 부딪쳐서 기억상실 증상까지 나타났습니다. 어느 날 전도하다가 또 붙잡혔는데 이번에는 조사도 없이 지하 감방에 데려가 죽도록 때렸다고 합니다. 지긋지긋하고 치가 떨렸습니다. 다시 붙잡혀 고문을 당한다고 생각하니 솔직히 하나님께 원망하는 마음이 들었다고 합니다. "하나님, 제가 또 이렇게 당해야 합니까? 하나님, 저 언제까지 이래야 해요?" 그때 히브리서의 말씀이 생각났다고 합니다.

믿음의 주요 또 온전하게 하시는 이인 예수를 바라보자 그는 그 앞에 있는 기쁨을 위하여 십자가를 참으사 부끄러움을 개의치 아니하시더니 하나님 보좌 우편에 앉으셨느니라 너희가 피곤하여 낙심하지 않기 위이 말씀을 생각하며 자신의 생각이 얼마나 부끄러웠는지 통곡이 터져나왔다는 것입니다. 그 후 영국에서 잠시 터키인 교회를 담임하게 되었는데, 전임자인 영국인 목사가 자기를 감옥에 여러 번 투옥되었고 고문당했다고 소개해서 전과자라는 느낌이 들어 속으로 불쾌했다고 했습니다. 그런데 나중에 알고 보니 터키 기독교인 중에는 경찰서나 감옥에 안 다녀온 사람이 없고, 고문을 안 당해본 사람이 없다는 것입니다. 그들 못지않은 고초를 겪은 목사가 왔기에 그렇게 소개했다는 것이지요.

터키 성도들과 신앙생활을 하는데 덩치 큰 남자 성도가 와서 상담하다가 자신이 터키에서 매 맞고 고문당할 때 이야기를 하며 그 조그만 동양인 선교사의 어깨에 고개를 파묻고 펑펑 울면서 하는 말이 "목사님은 아시지요?"였다는 것입니다. 그러면 해줄 말은 단 하나입니다. "제가 알지요. 저도 다 알아요." 그렇게 울고 나면 치유가 되고 회복이 되었다는 것입니다. 그는 이렇게 고백했습니다. "제가 터키에서 겪었던 끔찍한 고문에 대하여 이제는 하나님께 감사할 수 있습니다."

여러분, 성도에게 고난은 신비입니다. 성령님 덕분에 고난의 의미가 완전히 달라집니다. 고난이 믿음을 더 굳게 해줍니다. 고난으로 더 감사하게 하고, 하나님께 더 가까이 가게 합니다.

누가 우리를 그리스도의 사랑에서 끊으리요 환난이나 곤고나 박해나 기근이나 적신이나 위험이나 칼이랴… 내가 확신하노니 사망이나 생명이나 천사들이나 권세자들이나 현재 일이나 장래 일이나 능력이나 높음이나 깊음이나 다른 어떤 피조물이라도 우리를 우리 주 그리스도 예수 안에 있는 하나님의 사랑에서 끊을 수 없으리라 롬 8:35-39

성령님만이 이렇게 하실 수 있습니다. 어떤 상황에서도 우리를 하나님의 사랑에서 끊을 수 없습니다. "네가 믿는 하나님이 어디 계시냐?"라고 조롱하는 사람들 앞에서 하나님이 내 마음에 오셔서 살아 계심을 증거하는 증인들이 다 되시기를 축복합니다.

8

| 시편 23편 1절 |

하나님만
의지하라

2011년에 일본 대지진이 일어났을 때 일본인에 대한 세계인의 인식이 긍정적으로 바뀌었습니다. 일본 사람들이 질서 의식, 인내심, 극한 상황에서도 남을 배려하는 마음이 대단했기 때문입니다. 저는 일본 사람들을 보면서 그리스도인들은 세상 사람들에게 어떻게 보일까 하는 생각을 해보았습니다. '죄 안 짓는 사람', '원수도 사랑하는 사람', '항상 기뻐하고 감사하는 사람', '죽음도 두려워하지 않는 사람', '손해 보더라도 거짓말하지 않는 사람', 이런 이미지가 예수 믿는 사람의 이미지여야 합니다. 비신자들이 정말 기독교인을 그렇게 생각할지 솔직히 자신이 없습니다. 기독교인들 스스로도 원수를 사랑하는지 자신이 없고, 항상 기뻐하고 범사에 감사하고, 죽는 것도 두려워하지 않는다고 자신 있게 말하기가 어렵습니다. 하지만 우리가 믿음만큼은 바로 가져야 합니다. 얼마든지 그렇게 될 수 있다는 것입니다. 왜냐하면 그것은 전적으로 성령께서 믿는 성도들의 삶을 그렇게 바꾸어 가시는 것이기 때문입니다.

그러면 왜 지금은 그렇지 못할까요? 예수를 믿고 나서 은밀히 죄짓는 삶을 청산하고, 원수를 사랑하고, 죽음도 두려워하지 않고,

항상 기뻐하고, 모든 일에 감사하며, 거짓말하지 않고 산다고 자신할 수 없다면, 예수님을 믿지만 자신과 함께하시는 예수님에 대해서는 알지 못하기 때문입니다. 예수님이 함께하시는 것을 분명히 알지 못하면 성경에 기록된 예수 믿는 성도의 삶은 그저 지식에 불과한 것이 됩니다. 우리가 과연 성경에 말씀하신 대로 예수 믿는 성도의 삶을 살 수 있을까요? 물론입니다. 예수님께서 항상 함께하신다는 것을 분명히 알면 그렇게 살게 됩니다.

나의 말씀으로 고백되는가?

시편 23편은 성경 중에서도 아주 특별합니다. 성도들이 가장 좋아하는 성경이요 가장 은혜로운 말씀 중에 하나입니다. 그러나 읽기만 은혜로운 성경이 되어서는 안 됩니다. 시편 23편이 자신의 말씀이 되어야 진정한 은혜의 역사가 일어납니다. 시편 23편 말씀이 여러분의 성경이 되었습니까? 말씀을 좋아하고 들으면 위로가 되는 말씀이지만 시편 23편이 자신의 말씀으로 고백되느냐는 다른 문제입니다.

여호와는 나의 목자시니… 시 23:1

여러분, 요즘 어떻게 먹고사십니까? 누가 벌어서 먹고사십니까? "에이, 목사님, 제가 열심히 일해서 먹고살지요."

그렇다면 여호와는 나의 목자가 아닙니다. 자신이 열심히 일해서 먹고사는데 어떻게 여호와가 목자이십니까? 누가 아이들을 공부시킵니까? 누가 살집을 마련해주었습니까? 누가 차를 주었습니까? 어떻게든 아끼고 모아서 집을 장만하고, 자녀 공부시키고, 자동차를 유지하고 있다면 여호와는 나의 목자가 아닙니다. 여호와는 나의 목자라고 말하면서 실제로는 자기 힘으로 사는 것입니다. 자기가 열심히 일해서 살고, 자기가 열심히 벌어서 아이들 공부시키고, 자기가 열심히 저축해서 집도 마련했다면 여호와가 나의 목자는 아니지요.

시편 23편에는 사람들이 잘 쓰지 않고, 쓰지 못하는 표현이 있습니다.

…내게 부족함이 없으리로다 시 23:1

여러분, 정말 부족한 것이 없습니까? 아니면 솔직히 여러 가지로 부족한 것이 많습니까? 점점 더 부족한 것이 많아지지는 않습니까? 기도 제목이 많은 이유가 나라와 민족의 복음화를 위한 것입니까? 세계 열방의 복음화를 위한 기도 제목이 그렇게 많아졌습니까?

랜디 알콘의 《악의 문제 바로 알기》(두란노)에 이런 이야기가 나옵니다. "천사들이 눈물을 흘린다면 자신의 문제가 아니라 세상이 고통으로 가득하기 때문일 것이다. 그런데 인간은 남이 아닌 자신의 딸이 백혈병으로 죽거나, 자신의 고향 마을이 불타 못 알아볼 만큼 상한 남편과 아들의 시신이 자기 발치에 누워 있을 때 눈물을 흘린다." 사실 다른 사람을 위해 울어본 적이 많지 않을 것입니다. 나라를 위해 기도하다가 울어본 적도 별로 없을 것입니다. 하지만 자기 문제가 급하면 눈물이 왈칵 쏟아집니다.

이처럼 기도를 해도 자신을 위한 기도 제목만 많아졌다면 이 성경이 은혜로운 성경일 수는 있어도 자신의 성경은 아닌 것입니다. 예수를 믿어도 시편 23편 말씀이 내 말씀이 아닌 이유가 무엇입니까? 다윗처럼 하나님만 믿고 의지하며 살지 않았기 때문입니다. 다윗은 "여호와는 나의 목자시니"라고 고백했는데, 우리에게 "여호와가 나의 목자시니"라는 고백이 안 나오기 때문입니다.

하나님 말고 의지할 데 없는 광야의 고백

이 시편의 배경이 되는 팔레스타인 지방 대부분은 광야입니다. 광야는 메마르고 건조하고 황량한 땅입니다. 그런 환경에서 양들에게 목자라는 존재는 절대적입니다. 생명 그 자체입니다. 목자가 없으면 양은 그냥 죽는 것입니다. 어디에 가서 풀도 뜯어 먹을 수 없습니다. 이스라엘 백성들은 그런 광야에서 40년을 살아본 경험이 있었습니다. 살아갈 방법도 없고 엄청난 위협이 도사리고 있는 곳, 인간의 어떤 노력도 소용이 없는 하나님만 완전히 의존할 수밖에 없는 곳이 광야입니다. 하나님께서는 이스라엘 백성들에게 여호와가 그들의 목자라는 믿음을 분명하게 심어주려고 하셨습니다.

광야에서 40년을 살았다는 것은 그 자체로 기적입니다. 광야는 사람 살 곳이 못 됩니다. 거기에는 물이 없습니다. 낮에는 태양이 뜨거워 견딜 수 없고, 밤에는 추위를 견딜 수 없습니다. 먹을거리를 구할 수도 없습니다. 그런 광야에서 40년 동안 300만이 넘는 사람들이 지낸다는 것은 불가능한 일입니다.

하나님께서 아침에 만나를 내려주시고, 낮에는 구름 기둥으로 햇볕을 막아주시고, 밤에는 불기둥으로 추위를 막아주셨습니다. 반석에서 샘이 터져 나와 물이 나게 하셔서 40년을 산 것입니다. 하나님의 보호와 공급하심과 인도하심을 매일 의지하며 살고 오직 기적을 일으키시는 하나님만 바라본 것입니다. 하나님이 역사해주시면 살고 그렇지 않으면 죽는 것입니다. "여호와는 나의 목자시니"라는 고백은 "하나님이 아니면 우리는 죽어요. 하나님 말고는 의지할 데가 없어요"라는 심정의 고백입니다.

그런데 많은 그리스도인들에게 하나님 말고도 의지할 데가 많은 것이 문제입니다. 하나님을 목자라고 고백하지만 자기가 가진 돈도 믿고, 가족과 친척도 믿고, 학력과 인맥도 믿습니다. 하나님 말고도 믿는 것이 많습니다. 하나님이 절대적이고 유일한 의지의 대상이 아닙니다. 이것이 우리의 믿음과 다윗의 마음이 차이가 나는 이유입니다.

어느 목사님이 이스라엘에서 유학하다가 양과 목자의 관계를 알아보고 싶어서 목자들이 양을 치는 현장에 한동안 머물렀다고 합니다. 한번은 들판에서 양을 치는데 갑자기 폭우와 우박이 쏟아졌습니다. 목동들은 자신들이 치던 양 떼를 몰아서 큰 동굴 안으로 피신했습니다. 잠시 후 비가 그치고 떠날 때가 되자 목사님은 이 많은 양 떼들이 어떻게 자기 목자를 따라갈까 궁금했습니다. 그런데 이 의문이 쉽게 풀렸습니다. 양치기 한 사람이 먼저 일어났고 나가면서 노래를 부르자 한 무리의 양 떼가 일어나 그 목자를 따라갔고, 다른 양 떼들은 그대로 동굴에 남아 있었다는 것입니다. 그 다음에 또 다른 목동이 일어나 노래를 부르며 나가자 그 목동의 양만 일어나서 따라갔습니다. 목동들끼리 "내 양이다, 네 양이다" 하고 싸울 것도 없었습니다. 양들은 자기 목자가 부르는 소리를 듣고 다 따라갑니다.

양에게는 목자가 하나뿐입니다. 그런데 우리는 그렇지 않습니다. 우리의 문제는 목자를 여럿 두고 살려는 것입니다. 하나님을 믿습니다. 그러나 하나님만 믿는 것은 아닙니다. 가진 돈도 믿고, 주위 사람도 믿고, 자신의 능력도 믿고, 살아온 경험도 믿습니다. 그래서 "내게 부족함이 없으리로다"라고 하는 체험이 없는 것입니다.

하나님을 나의 목자로 삼는 믿음의 출발

저에게도 "내게 부족함이 없으리로다"라는 담대한 믿음이 없었을 때가 있었고, 저 역시 그때 하나님 외에 다른 것을 의지하고 있었습니다. 당시에는 시편 23편 1절의 고백이 솔직히 실감이 나지 않았습니다. 저는 늘 부족한 것이 많다고 느꼈습니다. 그런데 그 이유를 몰랐습니다. 저는 어려서부터 하나님만 나의 목자로 삼는 믿음을 가지지 못했습니다. 예를 들면 아버지를 하나님보다 더 의지하였습니다. 아버지가 목사님이셨기 때문에 목사가 된 후에도 상당히 의지가 되었습니다. 그것이 신앙적으로 문제가 된다는 것을 꿈에도 생각하지 못했습니다. 목사에게 목사 아버지가 계신 것이 무슨 잘못이겠습니까?

그런데 제가 군목 훈련 중에 다리가 부러졌을 때 그것이 심각한 문제임을 깨달았습니다. 그 위기 상황에서 저는 아버지를 찾았습니다. 아버지가 저의 목자였기 때문입니다. 그때까지도 저는 그것이 심각한 문제인 줄 몰랐습니다. 어떻게든 아버지에게 연락이 닿아 수술을 받아야 한다는 생각뿐이었습니다.

그러나 누구도 아버지에게 연락해주는 사람이 없었습니다. 그리고 혼자 남았습니다. 그제야 하나님이 생각났고, "하나님!" 하고 하나님을 세 번 크게 불러보았습니다. 그러나 아무 대답을 듣지 못했습니다. 그때 제 심령 중심에 '내가 심각한 문제가 있는 사람이구나' 하는 것이 깨달아졌습니다. 저는 하나님을 진짜 믿는 사람이 아니었습니다. 그런 저를 어떻게 목사라고 할 수 있습니까? 그때 제가 꺾어졌습니다. '내가 엉터리 중에 엉터리구나.' 그 순간이 제 회심의 시작이었습니다. 육신의 아버지를 믿고 의지하던 제가 살아 계신 하나님께로 향하는 회심이었습니다.

여러분, "여호와는 나의 목자시니"라는 다윗의 고백은 그가 여호와 하나님 외에 의지할 데가 없다는 뜻입니다. 다윗은 정말 그랬습니다. 아버지조차 다윗의 의지 대상이 아니었습니다. 아버지 이새는 다윗을 얼마나 무시했는지 모릅니다. 하나님께서 사무엘을 통해 이스라엘의 새 왕에게 기름을 붓기 위해 이새를 찾아가 그의 아들을 다 불러모으라고 했을 때도 이새는 다윗만 빼고 다 불렀습니다. 왜입니까? 아버지 이새의 눈에 다윗은 왕이 될 자격이 없는 사람이었습니다. 다윗은 부모로부터도 인정받지 못했습니다.

그러나 부모님의 문제만 해결된다고 다 해결되는 것이 아닙니다. 하나님 외에 자신이 믿고 의지하던 것, 기대하던 것을 다 끊어버려야 합니다. 그러면 비로소 시편 23편이 제대로 읽어지게 됩니다. 여호와는 나의 목자라고 고백한 다윗의 심정을 이해하게 됩니다.

하나님 외에 의지하는 것을 끊어버려라

아프리카 케냐에서 15년 넘게 사역한 이정환 선교사님이 후배 선교사들에게 늘 이렇게 이야기했다고 합니다. "여러분이 선교사로 나가게 된다면 단 1년 만이라도 선교 후원을 끊고 살아보십시오. 그러면 하나님의 살아 계심을 알게 될 것입니다." 그 자신이 그런 경험을 해보았기 때문입니다. 교회에서 선교사 파송을 받아 아프리카 케냐까지 갔는데, 두 달 후에 후원금이 끊겨졌습니다. 얼마나 황당합니까?

선교비가 끊긴 상태에서 한국으로 돌아와야 했을 때 그는 한국으로 돌아가지 않았습니다. 이스라엘 백성이 광야에서 하나님이 주시는 만나로 살았듯이, 이 선교사님도 한국에 있는 후원 교회를 의지하지 않고 비로소 하나님을 찾았습니다. 그리고 15년 동안 한 끼도 굶은 적이 없고 15년 동안 돈이 없어서 살림을 못한 적이 없을 만큼 하나님께서 정확히 채워주셨다고 합니다.

하나님만 믿고 의지하던 모든 관계를 다 끊으라는 말은 사람들과의 모든 사귐을 끊으라는 뜻이 아닙니다. 사랑하고 섬기고 교제하지만, 믿고 의지하는 대상으로 여겨서는 안 된다는 것입니다. 남편 믿고, 아내 믿고, 부모님 믿고, 자식 믿고, 친구 믿고, 직장 믿는 식으로 살지 말라는 것입니다. 이처럼 하나님 외에 의지하는 사람이 있는 사람은 절대로 시편 23편의 경험을 해보지 못합니다.

여러분, "여호와는 나의 목자시니"라는 고백은 은혜로운 고백이라기보다 위험한 고백입니다. 하나님 외에 의지하던 다른 것을 끊어버리라는 말씀은 두려운 말씀입니다. 정말 그렇게 살 수 있을까요? 하나님을 진짜 믿는 사람에게는 문제가 안 됩니다. 그러나 하나님을 믿지 못한 사람에게는 죽으라는 말처럼 들립니다. 결국 자신의 신앙의 실체가 드러나게 됩니다. 하나님 외에 의지하는 것을 끊은 사람들은 하나님을 만나게 됩니다. 살아 계신 하나님을 체험하게 됩니다.

조지 뮬러 목사님은 "여호와는 나의 목자시니"라는 말씀대로 산 대표적인 사람입니다. 조지 뮬러 목사님은 가진 것이 없었고, 누구에게 도와달라고 손을 벌리지도 않았습니다. 오직 하나님께 기도하여 2천 명이 넘는 고아를 먹여 살렸습니다. 그러니 얼마나 많은 돈이 들겠습니까? 어느 날 독일에 있는 한 선교단체에서 고아원을 돕고 싶으니 필요한 것이 있으면 말하라는 제안이 왔습니다. 그때 조지 뮬러 목사님이 "그것을 왜 제게 물으십니까? 하나님께 물으셔야죠. 저는 필요한 것을 하나님께만 구했습니다. 그러니 당신들도 하나님께 기도해보고 얼마를 도우라고 하시는지 그분이 말씀하시면 그만큼 도우시면 됩니다"라고 답했습니다. 정말 대단한 믿음입니다. 이것이 "여호와는 나의 목자시니"라는 믿음입니다.

　조지 뮬러 목사님은 철저히 "나는 사람의 도움을 의지하지 않고 하나님의 도움만 의지하리라" 결심하고 사역을 했기 때문에 하나님을 경험할 수 있었습니다. 그가 왜 그런 결심을 했을까요? 그는 짧게 목회를 경험했는데, 목회를 하다보니 교인들이 하나님을 목자라고 믿지 않고, 하나님을 믿으면 하나님이 정말 책임져주신다는 것을 믿지 않고 있다는 것을 알았습니다. 주일에도 일하느라 교회에 나오지 않았고 특히 돈 버는 문제에서 하나님을 믿고 의지하지 못한다는 것을 알았습니다.

　조지 뮬러 목사님은 설교만 해서는 안 될 문제임을 깨닫고 마음에 결심하였습니다. "나는 하나님만 믿고 엄청난 이 일을 해보리라." 그것이 바로 고아를 먹여 살리는 일이었습니다. 누구에게도 손 벌리지 않고 하나님만 믿고 기도하여 먹을 것이 생기나 안 생기나 지켜보았습니다. 조지 뮬러 목사님은 자신에게 목자는 한 분밖에 없고, 자신을 먹이고 살릴 분은 하나님이시라는 것을 믿었습니다. 우리에게 그 믿음이 분명하지 않으니까 하나님께서 지금껏 먹이고 살리셔도 여전히 부족한 것이 많다고 느끼고 근심과 염려 속에 살아가는 것입니다.

나는 죽고 예수로 살기 위한 철저한 자기절망

여러분, 예수님을 분명하게 믿고 살아야 합니다. 시편 23편이 자신의 성경이 되어야 하나님을 진짜 믿는 것입니다. 저는 한동안 제힘으로 인생을 살았고 목회도 했습니다. 하나님만 믿고 의지하는 자세가 없었습니다. 목회도 열심히 하면 된다고 생각했습니다. 공부도 많이 해서 사람들에게 인정을 받고 싶었습니다. 그런데 하나님께서 대학원 마지막 학기 때 "학위를 포기할 수 있느냐?"고 제게 물으셨습니다. 하나님의 말씀이라면 순종해야 하는데 그것은 저로 하여금 비참한 마음이 들게 만들었습니다. 그때는 하나님께서 이 시편 23편을 저 자신의 믿음으로 고백할 수 있게 해주시고 '오직 하나님만 의지하는 믿음'으로 저를 세우려고 하신다는 것을 미처 몰랐습니다.

군목 훈련을 받다가 부상을 당해 집에 돌아온 다음, 저는 백방으로 제가 일할 교회를 찾아다녔습니다. 하지만 부상에서 온전히 회복되지 못한 제가 갈 교회가 없었습니다. 어떤 사람도 그 일을 도와줄 수가 없었습니다. 그래서 사람들에게 부탁하는 것을 멈추고 '하나님만 의지하리라' 하는 마음으로 골방에 들어가 3개월을 기도만 하기로 작정했습니다. 그렇게 3개월을 기도했습니다. 그것이 저로 하여금 "여호와는 나의 목자시니"라는 믿음을 고백하게 하는 기간이 될 줄 몰랐습니다. 하나님께서 저에게 원하신 것은 일할 교회가 아니고 제가 정말 하나님만 믿는 것이었습니다.

하나님은 조금이라도 하나님이 아닌 다른 것을 의지하려고 하면 반드시 연단을 주셨습니다. 제가 의지하는 것마다 실망과 좌절과 배신을 맛보았습니다. 제가 부상을 당하고 나니 군 면제를 받도록 도와주겠다는 분들이 주위에 많았습니다. 유력한 분도 계셨습니다. 그렇지만 다 허사였습니다. 이듬해에 재소집되어 다시 훈련소에 입소했지만 훈련을 마치지 못하고 돌아왔습니다. 결국 저는 삼 년에 걸쳐 훈련을 받고 나서야 군목으로 임관했습니다. 너무나 고생스러웠던 3년이었지만, 지금에 와서 정말 감사한 것은 그때 사람의 도움을 의지해서는 되는 일이 하나도 없다는 것을 철저히 훈련받은 것입니다.

저에게 가장 어려운 시험은 저 자신이었습니다. 저는 "착하다, 성실하다, 모범생이다"라는 칭찬을 받으며 자랐고 그래서 무엇이든지 열심히 하면 다 잘할 수 있을 줄 알았습니다. 목회도 열심히 하면 잘할 줄 알았고 훌륭한 목사도 되는 줄 알았습니다. 그러나 하나님께서는 제가 잘해보려고 애쓸 때마다 저 자신의 비참한 실상을 보여주고 또 보여주셨습니다. 제가 얼마나 악하고 더럽고 가증한 자인지 처절하게 깨닫게 해주셨습니다.

저는 그 때 하나님께서 저를 왜 이토록 좌절시키시는지 이유를 알지 못했습니다. 그러나 저 자신에 대하여 철저히 절망하였기에 '나는 죽고 예수로 사는' 것이 복음으로 이해되었고, 그것이 기쁨이자 감사가 되었습니다. 제가 저 자신에 대하여 실망하고 좌절하지 않았다면 예수님과 함께 죽었다는 복음을 받아들이지 못했을 것입니다. "나는 죽었습니다"라는 것이 저에게 구원의 메시지였습니다. 복음을 복음으로 받아들이게 되면서 예수님을 진짜 믿을 수 있는 눈이 열린 것입니다. 정말 오직 주 예수님만 믿고 의지하는 자가 되게 해주신 것입니다.

마귀의 전략 : 하나님 말고도 믿을 데가 있다

하나님이 가장 미워하시는 죄인 우상숭배는 하나님을 안 믿는 것이 아닙니다. 이스라엘 백성들이 우상숭배에 빠졌을 때 그들은 하나님을 믿었습니다. 문제는 다른 신도 믿었다는 것입니다. 하나님도 믿고, 바알 신도 믿고, 아세라 신도 믿고, 이처럼 많은 신을 믿으면 더 좋다는 것이 바로 우상숭배입니다. 그로 인해 이스라엘 백성들은 엄청난 징계를 받았습니다. 하나님께서 왜 이렇게 진노하셨습니까? 하나님 외에 다른 것을 의지하려는 마음이 무서운 마귀의 계략이기 때문입니다. 그것은 망하는 길이요 죽는 길입니다.

근신하라 깨어라 너희 대적 마귀가 우는 사자같이 두루 다니며 삼킬 자를 찾나니 벧전 5:8

여러분, 정신을 똑바로 차려야 합니다. 우리 주변에는 마귀가 우리를 삼키려고 우는 사자같이 돌아다니고 있습니다. 그 마귀의 전략이 무엇입니까? 하나님 말고도 믿을 데가 있다는 것입니다. 하나님 말고 다른 것을 믿으라는 것입니다. 하나님을 믿지만 돈도 믿고 사람도 믿다가 다 무너지는 것입니다. 마귀는 항상 그렇게 유혹합니다.

이스라엘에서 유학한 목사님이 한 목동에게 들은 이야기입니다. 어느 날 깻묵을 쌓아놓은 창고에 불이 났습니다. 그런데 깻묵이 타면서 나는 고소한 냄새를 맡은 양들이 창고로 몰려와 벌겋게 불타고 있는 깻묵 더미 앞으로 자꾸만 가려고 했습니다. 이를 본 목자가 양들을 불구덩이에서 떼어놓기 위해 막대기를 휘둘러댔습니다. 양들을 치며 가까이 오지 못하게 해도 양들이 자꾸만 달려들었다고 합니다. 다행히 불길이 잡혀서 양 떼들을 구했지만, 불을 끄는 일보다 양 떼들을 지키느라 더 고생을 했다고 합니다.

양들은 목자의 음성을 잘 알아듣습니다. 그것이 생명의 길입니다. 그런데 목자의 음성을 잘 알아듣는 양들이 목자가 막대기를 휘두르며 막는데도 왜 듣지 않았을까요? 고소한 깻묵 냄새 때문에 목자의 음성이 들리지 않았기 때문입니다. 그리로 들어가면 양들은 죽는데도 깻묵 냄새에 정신이 팔려 불길을 보지 못하는 것입니다. 이것이 우리의 모습입니다. 우리도 세상 욕심에 눈이 멀어 꼭 보아야 할 진실을 보지 못하는 경우가 허다합니다. 이렇게 되면 큰일입니다.

주님은 우리의 목자이십니다. 평소에 우리는 주님의 말씀을 잘 듣는 것 같습니다. 그런데 마귀가 우리를 미혹해서 넘어뜨리려고 역사할 때 정신을 못 차립니다. 한번 욕심이 발동하면 마귀가 우리의 눈과 마음을 혼미케 하여 정신을 못 차리게 합니다. 그러면 죽음의 길로 가는 것입니다. 정신을 똑바로 차려야 합니다. 나는 죽고 예수로 사는 믿음을 가져야 합니다. 그렇지 않으면 거짓 목자들의 미혹에 속기 마련입니다.

선한 목자 되신 예수님만 따라가라

예수님이 거짓 목자들을 경계하며 이렇게 말씀하셨습니다.

> 삯꾼은 목자가 아니요 양도 제 양이 아니라 이리가 오는 것을 보면 양을 버리고 달아나나니 이리가 양을 물어 가고 또 헤치느니라 달아나는 것은 그가 삯꾼인 까닭에 양을 돌보지 아니함이나 나는 선한 목자라 나는 내 양을 알고 양도 나를 아는 것이 아버지께서 나를 아시고 내가 아버지를 아는 것 같으니 나는 양을 위하여 목숨을 버리노라 요 10:12-15

시편 23편

여러분, 선한 목자 되신 예수님만 붙들고 가야 삽니다. 그러려면 나는 죽고 예수로 사는 믿음이 있어야 합니다. 저는 한 교회의 담임목사이지만, 솔직히 목회할 자격이나 역량이 부족합니다. 교인들이 생명의 길로 갈 수 있도록 도와드릴 능력도 자질도 없습니다. 그러므로 교인들이 저를 바라보고 신앙생활을 하면 큰일납니다. 예수님을 바라볼 수 있어야 합니다. 그래서 교회와 성도들을 생각할 때마다 저는 이렇게 기도합니다.

　"주님, 예수님께서 친히 이 교회의 담임목사가 되어주십시오. 예수님이 이 교회의 목자가 되어주십시오. 우리 교회 모든 성도들이 진정 예수님을 알고, 주님으로부터 모든 필요를 공급받고, 주님의 인도하심을 받게 해주십시오. 오직 주님만을 목자로 따르는 신앙생활을 할 수 있게 해주십시오."

　이것이 저의 기도 제목입니다. 여러분은 예수님을 만나셔야 합니다. 목사를 의지하는 수준에서 예수님만을 목자 삼는 수준으로 자라야 합니다. 이것이 하나님의 양인 우리가 살길입니다.

　여러분의 마지막 날, 임종의 순간에 어떤 성경 구절을 듣고 싶으십니까? 아마 시편 23편이 그중 하나일 것입니다. 임종의 순간에는 시편 23편이 너무나도 명확히 귀에 들어오고 또 필요한 말씀일 것입니다. 그러나 왜 임종 때만 이 말씀이 필요합니까? 지금 필요합니다. 매 순간 필요합니다. 여러분의 삶에 위기가 찾아왔습니까? 직장, 가정, 재정, 건강의 위기입니까? 도울 자들이 다 끊어졌습니까? 그러면 이제 시편 23편을 경험할 때가 온 것입니다. 다윗이 그런 위기를 겪으며 다윗이 된 것입니다. 우리에게도 "여호와는 나의 목자시니"라고 고백한 다윗의 믿음이 필요합니다.

우리가 진짜 믿어서는 안 될 대상을 믿는 것은 정말 두려운 일입니다. 하나님이 보내주신 사람들은 다 귀합니다. 하지만 그들은 사랑의 대상이고 내가 섬겨야 할 대상이지 믿고 의지할 대상은 아닙니다. 그들을 믿고 의지했다가는 다 무너지고 맙니다. 우리가 믿고 의지할 대상은 오직 주님밖에 없습니다.

전부 위임한 자의 행복

성지순례를 갔을 때 현지 가이드에게 모든 것을 다 맡기기로 마음먹었습니다. 12일 동안 가자면 가자는 대로 가고, 음식을 주면 주는 대로 먹었습니다. 출발 시간을 정하면 그 시간에 모여 떠나고, 버스를 타자고 하면 버스를 타고, 비행기를 타라고 하면 비행기를 타고, 걸어가자고 하면 걸어갔습니다. 모든 일정을 가이드에게 다 맡겼습니다. 성지순례에서 보고 들은 것도 은혜롭고 좋았지만, 저는 그때 '위임한 자의 행복'을 깊이 경험했습니다. 다 믿고 맡기니 그렇게 편안할 수가 없었습니다. 모든 것을 위임하자 무엇을 먹을까, 어디로 가야 할까 염려할 필요가 없었습니다. 위임한 자의 행복은 우리 일생의 가장 큰 복입니다. 예수 믿는 것이 왜 복입니까? 수고하고 무거운 짐을 주님께 다 맡길 수 있기 때문입니다.

저는 설교 준비 때문에 얼마나 힘들었는지 모릅니다. 설교 준비하는 시간이 저에게 가장 큰 스트레스였습니다. 제가 "여호와는 나의 목자시니"라는 믿음을 갖지 못했을 때 토요일이면 저희 집은 초비상이었습니다. 제가 극도로 예민했기 때문입니다. 저는 설교할 때마다 너무 예민해지고 스트레스가 쌓였습니다. 그런데 어느 날 그것이 예수님을 나의 목자로 삼는 믿음과 맞지 않는다는 것을 깨달았습니다. 설교가 무엇입니까? 주님이 전하라고 마음을 주시는 대로 전하는 것이 설교입니다. 이론적으로 따지면 스트레스를 받을 이유가 하나도 없는 것입니다. 주님이 전하라는 말씀만 전하면 되는 것이었습니다.

그래서 저는 결단했습니다. "예수님께서 나를 통하여 말씀하신다! 그러므로 설교할 것을 주시면 설교하고, 설교할 것을 주시지 않으면 설교하지 않는다." 이 결단이 "여호와는 나의 목자"라는 결단이었습니다. 시시때때로 설교에 대한 불안한 마음이 일어납니다. 그럴 때 즉시 믿음을 고백합니다. "예수님, 이번에도 말씀을 주실 줄 믿습니다." 주님이 저를 설교자로 세우셨으면 전할 말씀도 주실 거라고 믿었습니다. 그러면 반드시 전할 말씀을 깨닫게 됩니다. 이 믿음 안에서 설교 스트레스가 사라졌습니다. 물론 여러분은 저와 다른 문제로 스트레스를 받으실 것입니다. 그럴 때 여러분에게 목자가 있다는 것을 알아야 합니다. 주님이 다 공급해주십니다.

"시편 23편 1절의 말씀이 내 말씀이 되게 해주소서. 이것이 제 고백이 되게 해주소서. 여호와는 나의 목자이십니다. 예수님, 모든 것을 다 이해하지 못하지만 주님이 목자가 되시면 부족함이 없다는 약속은 압니다. 이제 깨달았습니다. 염려하고 걱정한 것조차 죄였음을 고백합니다. 이제는 제게 부족한 것이 없습니다. 제가 이렇게 믿겠습니다. 이제부터 하나님 외에 다른 목자를 의지했던 것을 다 십자가에 못박겠습니다. 저는 오직 주님만 믿습니다. 예수님, 나의 주인이 되어주십시오. 주님을 더 잘 알기를 원합니다. 주님의 말씀에 순종하고자 합니다. 하나님이 원하시는 대로 저의 삶을 인도해주세요."

9

죽어라고
예수님만
붙잡고 삽시다

마음이 편안하고 더 구할 것도 없이 만족스러운 삶을 산다면 그 사람에게는 틀림없이 목자가 있을 것입니다. 만약 마음이 불안하고 불평불만이 많다면 환경과 여건이 어려워서라기보다는 목자 없이 살고 있기 때문입니다. 실제로 대부분의 사람들은 목자 없이 살고 있습니다. 예수님께서도 사람들이 사는 모습을 보시고 '목자 없는 양'과 같다고 말씀하셨습니다.

무리를 보시고 불쌍히 여기시니 이는 그들이 목자 없는 양과 같이 고생하며 기진함이라 마 9:36

인생을 살아가는데, 목자가 있는 것과 목자가 없는 것은 엄청난 차이가 있습니다. 여러분의 삶 전체를 말씀에 비추어보고 여러분에게 진정한 목자가 있는지 자신을 한번 돌아보시기 바랍니다.

시편 23편

본문 2절에 양이 푸른 풀밭에 누웠다는 표현이 나옵니다.

그가 나를 푸른 풀밭에 누이시며… 시 23:2

굉장히 중요한 표현입니다. 필립 켈러 목사님은 《양과 목자》 (생명의말씀사)라는 책에서 양이 풀밭에 누우려면 네 가지 조건이 충족되어야 한다고 말했습니다. 첫째, 두려운 짐승이 없어야 하고 둘째, 자기들 안에 싸움이 없어야 하고 셋째, 파리나 기생충같이 괴롭히는 것이 없어야 하고 넷째, 배불리 먹어야 한다는 것입니다. 이 네 가지가 다 충족되어야 비로소 양이 풀밭에 눕는다고 합니다. 아무리 목자가 양을 누이려고 해도 양의 마음에 평안과 만족이 없다면 절대로 풀밭에 눕지 않는다는 것입니다.

그러므로 양이 풀밭에 누웠다는 것은 그 양이 얼마나 평안하고 만족스러운지 보여주는 완벽한 묘사입니다. 다윗은 지금 하나님을 목자 삼고 살았더니 자기 삶에 완전한 평안과 만족이 임했다는 간증을 하는 것입니다. 양이 푸른 풀밭과 잔잔한 시냇물 때문에 평안하고 만족해한 것이 아닙니다. '목자'가 초점입니다. 목자와 함께하니까 푸른 풀밭에 누울 만큼 편안해지고, 잔잔한 시냇가도 만족스럽습니다. 만일 목자가 없다면 양에게는 푸른 풀밭과 잔잔한 물가라도 절대 편안한 장소가 아닙니다. 공포의 장소가 됩니다.

다윗은 하나님만을 목자로 삼았더니 하나님께서 자신의 삶을 얼마나 완벽하게 보호하고 인도하고 채워주셨는지를 경험했습니다. 그런데 이 다윗의 고백이 예수님을 믿는 우리에게 그대로 이루어진 것을 아십니까?

예수님을 목자로 삼는 복

> 수고하고 무거운 짐 진 자들아 다 내게로 오라 내가 너희를 쉬게 하리라 마 11:28

이것이 예수 그리스도 안에서 우리가 누리는 가장 놀라운 복입니다. 예수님이 우리에게 약속하신 것입니다. 예수님을 믿으면 우리의 모든 수고와 짐을 다 내려놓게 됩니다.

> 평안을 너희에게 끼치노니 곧 나의 평안을 너희에게 주노라 내가 너희에게 주는 것은 세상이 주는 것과 같지 아니하니라 너희는 마음에 근심하지도 말고 두려워하지도 말라 요 14:27

예수님께서는 우리를 이런 삶으로 초대하십니다. 예수님은 우리에게 평안을 주겠다고 약속하셨습니다. 예수님이 우리의 선한 목자이시기 때문입니다. 그러나 예수님을 믿고도 이런 평안과 만족을 누리지 못하는 이들이 많습니다. 예수님을 믿기는 하는데, 이 고백이 나오지 않는 것입니다. 자신이 푸른 풀밭에 누운 것 같지도 않고, 주님이 쉴 만한 물가로 인도하신 것 같지도 않은 것은 왜일까요? 예수님을 믿는다고 하지만 실제로 예수님을 목자 삼고 살지 않기 때문입니다. 교회에 다니는 것을 예수 믿는 것으로 여기니까 그렇습니다.

그렇다면 예수님을 목자로 삼는 것은 어떻게 믿는 걸까요? 쉽게 말하면 죽어라 예수님만 붙잡고 사는 것입니다. 양에게는 목자가 생명줄이고 길이고 진리입니다. 죽어라 목자만 따라다니며 사는 것입니다. 항상 목자가 옆에 있는지 확인하면 양은 어느덧 푸른 풀밭에 있고, 쉴 만한 물가에 있는 것입니다. 그러니 예수님을 목자라고 고백할 수 있는 사람은 죽어라 예수님만 붙잡고 주님이 하시는 말씀대로만 살아가는 사람을 말합니다. 여러분은 예수님을 믿으면서 정말 죽어라 예수님만 붙잡고 사십니까? 여러분에게 그와 같은 결단이 있기를 축복합니다.

예수님이 정말 자신의 목자가 되어야 합니다. 예수님을 믿는다 하였지만 마음에 평안과 만족이 없고, 진짜 구원을 누리며 사는 것 같지 않다면 이 말씀을 다시 한번 마음에 새기기를 바랍니다.

세상이 주는 평안

그가 나를 푸른 풀밭에 누이시며 쉴 만한 물가로 인도하시는도다 시 23:2

이 말씀이 정말 마음으로 '아멘'이 되십니까? 인생의 답을 얻은 것 같이 흥분되고 감동하고 안심이 되십니까? 아니면 진부한 말이나 과대광고처럼 느껴집니까? 왜 똑같이 예수님을 믿어도 삶에서 누려지는 은혜는 다를까요? 안타깝게도 교회 안에 불신자가 있습니다. 복음 전도자 빌리 그레이엄 목사님이 은퇴를 앞두고 이런 말씀을 하셨습니다. "나는 복음이 교회 밖에만 필요한 줄 알았습니다. 그런데 새삼스럽게 깨닫는 것은 교회 안에 복음을 필요로 하는 사람들이 더 많다는 사실입니다."

하나님은 우리에게 모든 근심과 수고에서 건짐을 받는 생명줄을 던져주셨습니다. 그 생명줄은 하나님만 목자로 삼고 사는 것입니다. 그런데 사람들은 그 생명줄을 선뜻 붙잡지 않습니다. 그 줄을 생명줄이라고 여기지도 않습니다. 오히려 평안을 주겠다고 속삭이는 다른 복음을 받아들입니다. 바로 세상입니다. 예수님도 '세상이 주는 평안'(요 14:27)이 있다고 말씀하셨습니다. 세상도 똑같이 우리에게 만족과 기쁨과 재미를 주고 성공하게 해준다고 속삭입니다. 마귀가 그렇게 하는 것입니다. 우리가 하나님과 마귀 사이에서 왔다 갔다 하며 마음을 정하지 못하는 것입니다.

마귀가 아담과 하와를 그렇게 무너뜨렸습니다. 아담과 하와는 에덴동산에서 정말 평안하고 만족한 삶을 살았습니다. 그들은 불만이나 불안이라는 개념 자체가 없이 살았습니다. 하나님은 단 하나 아담과 하와에게 선악과만 먹지 말라고 하셨습니다. 그들이 하나님의 이 말씀을 지키고 살았다면 아무 문제가 없었을 것입니다.

그런데 마귀가 아담과 하와에게 속삭이기 시작합니다. "선악과를 먹어봐. 하나님처럼 될 거야!" 아담과 하와는 결국 마귀가 하자는 대로 따라갔습니다. 마귀가 제시한 길이 더 행복하고 재미있고 만족스러울 것 같았기 때문입니다. 아담과 하와는 마귀가 거짓의 아비인 것을 몰랐습니다.

이는 그가 거짓말쟁이요 거짓의 아비가 되었음이라 요 8:44

아담과 하와는 결국 마귀가 하는 말대로 했다가 에덴동산의 축복을 다 잃어버렸습니다. 그것이 그대로 우리의 삶입니다. 정말 안타까운 것은 지금도 마귀가 똑같은 거짓말을 하고 있는데 그것이 통한다는 사실입니다. 마귀는 여전히 우리의 마음을 흔들고 있습니다.

여러분은 하나님과 세상 중에 어디가 더 매력적입니까? 하나님이 어떤 분이라고 생각하십니까? 혹시 '하나님은 아주 까다로운 분이셔. 이래라저래라 요구하시는 것만 많고, 재미있는 일, 욕심나는 일은 다 하지 말라고 하셔. 힘들고 어려운 일만 하라고 하시지' 이렇게 생각하지는 않습니까? 하나님이 정말 목자처럼 여겨지나요? 푸른 초장과 잔잔한 물가로 인도하시는 좋은 분이라고 정말 믿으시나요? 아니면 하나님 말씀대로 산다는 건 어렵고 얽매여 사는 삶이라고 생각하지는 않습니까?

그렇다면 이미 마귀에게 반 이상 마음을 빼앗긴 것입니다. 마귀는 세상을 통해 끊임없이 속삭입니다. '하고 싶은 것은 다 해봐! 본능에 충실해. 재미있게 살아! 마음껏 즐겨!' 그 속삭임에 우리 마음이 흔들립니다. 예수님만 붙잡고 있지 않습니다. 마음을 마귀에게 활짝 열어주고 있습니다. 그 때문에 주님이 약속하신 이 놀라운 은혜를 누리지 못하는 것입니다.

여전히 마음대로 살고 싶다?

말씀을 준비하면서 주님이 저에게 애통한 마음을 주셨습니다. 주님의 마음이 어떠신지 느끼게 해주셨습니다. 하나님께 인생을 다 맡기는 것은 두렵고, 마귀가 세상에서 부르는 소리는 얼마나 달콤하게 들리는지 모릅니다. 그래서 예수님을 진정으로 목자 삼지 못하는 것입니다.

한번 마음대로 살고 싶습니까? 그러면 목자가 없는 것입니다. 이것이 우리에게 있는 불안의 뿌리입니다. 이것이 원죄입니다. 한번 생각해보십시오. 양이 목자 앞에서 이렇게 묻는다면 어떻습니까? "당신을 어떻게 믿어요? 당신을 따라가면 정말 푸른 풀밭과 물가가 나오나요?" 세상은 갈 데도 많고, 자유롭게 살 수도 있는데 목자만 따라 살아야 하는지 갈등하는 양이 있다면 그 양은 이미 위기에 처해 있는 것입니다. 우리가 꼭 그와 같습니다.

우리는 다 양 같아서 그릇 행하여 각기 제 길로 갔거늘 여호와께서는 많은 그리스도인들이 하고 싶은 대로 살고 싶어 합니다. 가고 싶은 곳에 다 가고, 먹고 싶은 건 다 먹어보고 싶어합니다. 사람들이 좋다는 것은 다 해보고 싶어합니다. 그것이 얼마나 위험하고 큰 죄인지 모르는 것입니다. 자기 마음대로 사는 것이 죄입니다.

여호수아가 너무 답답해서 이스라엘 백성들에게 외쳤습니다.

너희가 섬길 자를 오늘 택하라 오직 나와 내 집은 여호와를 섬기겠노라

수 24:15

여호수아가 보기에 이스라엘 백성들이 하는 행동이 너무 기가 막혔습니다. 40년 광야를 지나 요단강을 건너와 가나안 땅을 정복하는 동안 하나님이 살아 계심을 놀랍게 보여주셨는데도 백성들의 마음이 흔들리는 것입니다. 하나님만 섬기겠다는 마음이 분명하지 않은 것입니다. 가나안 사람들이 섬기던 신에 대하여 계속 기웃거립니다. 그래서 여호수아가 정말 안타까운 마음에 소리친 것입니다.

엘리야도 갈멜산에서 우상을 숭배하는 이스라엘 백성들에게 외쳤습니다.

엘리야가 모든 백성에게 가까이 나아가 이르되 너희가 어느 때까지 둘

하나님이 진짜 하나님이면 하나님만 섬기고, 바알도 하나님인 것 같으면 차라리 바알을 섬기라는 말입니다. 당시 백성들은 하나님을 믿는다면서 바알도 섬겼습니다. 그것이 얼마나 위험한 일인지 몰랐습니다. 예수를 믿기로 작정했다면 이제는 죽어라 하고 예수님만 붙잡고 살아야 정상이고, 그것이 안전한 길입니다. 그런데 교회에 다니면서 세상 방식대로 살려고 한다면 정말 속이 터지는 일입니다.

거짓 평안에 속지 마라

예수님이 나의 목자라면 예수님을 믿는 태도가 분명해야 합니다. 교회만 다닌다고 해서 예수님이 목자이실 수 없습니다. 어떻게 목자 있는 양이 자기 마음대로 돌아다니며 살다가 일주일에 한 번 목자에게 찾아옵니까? 그런 양이 어디 있습니까? 여러분, 명심해야 합니다. 지금 우리가 사는 세상은 영적으로 심각하게 오염되어 있습니다.

여러분, 마귀가 삼킬 자를 찾으려고 주변을 두루 다니고 있는 것이 느껴지십니까? 그런 느낌이 들지 않는다면 심각한 문제입니다. 영적으로 굉장히 위험한 상태에 있는 것입니다. 지금 정신없이 사는 것입니다.

진짜 무서운 것은 마귀가 우리의 판단을 흐리게 만든다는 것입니다.

그중에 이 세상의 신이 믿지 아니하는 자들의 마음을 혼미하게 하여 그리스도의 영광의 복음의 광채가 비치지 못하게 함이니 그리스도는 하나님의 형상이니라 고후 4:4

예수님이 함께하시는 것이 느껴지십니까? 예수님이 여러분과 함께하시는 것이 분명히 믿어집니까? 모르겠다면 지금 이 세상 신이 여러분의 마음을 혼미케 하고 있는 것입니다. 예수님이 분명히 함께 계신데도 전혀 느껴지지도 믿어지지도 않는다면 심각한 일입니다. 이단의 편지 공세를 받은 적이 있었습니다. 일반 성도만 아니라 목회자들까지 설득하려고 달려드니 누군가로부터 이런 식으로 자꾸 권함을 받는다면 '이것이 진리인가?' 혼란스럽고 휘청거릴 사람들이 있을 것입니다.

오래전에 북한에 다녀올 기회가 있었습니다. 북한에 갈 때 마음에 두려움이 있었습니다. 중국 내 북한 대사관에서 비자를 받을 때, 베이징 공항에서 고려항공을 타고 평양 공항에 도착했을 때, 북한 담당자들을 만날 때, 고려호텔에 갔을 때, 김일성 광장에서 엄청난 규모의 김일성 동상을 보았을 때도 두려움이 있었습니다. 고작 나흘의 일정이었는데 넉 달은 되는 것처럼 긴장이 되었습니다.

그런데 평양에 사는 북한 주민들이 신기할 정도로 편안해 보였습니다. 우리는 북한 주민들이 걱정되어 도와주러 갔는데 그들은 모든 일이 잘되어 가고 있다고 믿고 있었습니다. 노동신문을 보니 온 세계가 북한과 김정일을 사모한다는 기사가 가득했습니다. 위대한 영도자 김정일이 러시아 방문을 성공적으로 마치고 돌아왔다고 하고 걱정스러운 그림자도 찾아볼 수가 없었습니다. 반면에 서울로 돌아오는 비행기 안에서 며칠 만에 한국 신문을 보았는데 정치, 사회, 경제 온 지면이 걱정거리로 가득했습니다.

북한 사람들이 어찌 그리 편안해 보이는지 처음에는 쇼인 줄 알았습니다. 그런데 만나서 이야기해보니까 진짜였습니다. 그들은 모든 것을 김정일 장군이 다 해결해준다고 믿고 있었습니다. 식량, 공부, 질병, 출산, 살 집도 다 나라가 책임져준다고 믿고 살아가는 것입니다. 유치원 앞에는 "세상 부러움이 없어요"라고 썼고, 거리마다 붙은 "김정일 장군만 함께 계시면 우리는 이긴다"라는 구호처럼 걱정하지 않고 살아가고 있었습니다.

북한 사람들에게서 느껴지는 평안함에 대해 처음에는 이해할 수가 없었습니다. 그런데 나중에 그것이 세상이 주는 평안임을 깨

시편 23편

달았습니다. 그들의 평안은 거짓 평안입니다. 세상이 준다고 약속하는 거짓 평안입니다. 모르니까 편안한 것입니다. 그들은 눈과 귀가 다 막혀 있었습니다. 바깥은 어떤지 아무것도 모르고 오직 반복되는 선전과 구호만 들으며 편안하게 사는 것입니다.

그러나 조금이라도 현실을 아는 간부들은 달랐습니다. 마지막 날 만난 영향력 있는 북한 실무자는 40대 중반의 엘리트 관료로 걱정이 많았습니다. 공화국의 미래가 너무 걱정스럽다는 것입니다. 아는 사람은 걱정스럽고 두려워서 견딜 수가 없는 것입니다. 이것이 바로 거짓 평안입니다.

예수님으로부터 오는 평안

여러분, 예수님을 믿으면 그분이 나를 푸른 초장과 잔잔한 물가로 인도하실까요? 물론입니다. 주님만 그렇게 해주실 수 있습니다. 우리가 조심할 것은 세상이 준다고 속삭이는 거짓 평안입니다. 우리는 거짓 평안의 실체를 알아야 합니다. 마귀는 우리를 속입니다. 푸른 풀밭과 잔잔한 물가가 우리를 평안하게 해줄 거라고 속입니다. 돈이 있으면, 이런 집을 사면, 이런 자리에 오르면 평안할 거라고 계속해서 우리 마음을 흔듭니다.

그러나 평안은 예수님으로부터 오는 것입니다. 그러므로 우리가 죽어라고 붙잡아야 하는 분은 예수님입니다. 양이 살길은 오직 목자만 따르는 것입니다. 목자가 없는데 풀밭과 시내가 양을 편안하게 해줄 수 없습니다. 목자가 함께 있어야 푸른 풀밭도 있고, 잔잔한 시내도 좋은 것입니다.

어느 분이 상담을 요청했습니다. 사회적으로 성공하고 존경받는 행복한 가정입니다. 그런데 이분이 아내의 불륜 현장을 목격했습니다. 당장 아는 척도 할 수 없었습니다. 자녀들의 혼사 문제가 걸려 있어서 모른 척하고 있다는 것입니다. 겉으로는 여전히 행복해 보이고 아무 문제 없어 보이지만 속으로 곪아가고 있습니다. 이런 것이 마귀가 주는 평안의 실체입니다. 예수님이 목자가 되시는 인생이 아니면 사실은 다 거짓 평안에 속고 사는 것입니다. 예수님이 함께하시면 그 어디나 푸른 풀밭이고 잔잔한 물가입니다. 푸른 풀밭과 잔잔한 물가가 따로 있는 것이 아닙니다. 예수님이 함께하심을 알고 나면 어디든지 그렇습니다.

내가 궁핍해서 이렇게 말하는 것이 아닙니다. 나는 어떤 처지에서도 스스로 만족하는 법을 배웠습니다. 나는 비천하게 살 줄도 알고, 풍족하게 살 줄도 압니다. 배부르거나 굶주리거나, 풍족하거나, 궁핍하거나, 그 어떤 경우에도 적응할 수 있는 비결을 배웠습니다. 빌 4:11-12, 새번역

무슨 비결입니까? 바로 예수님입니다. 예수님이 자신의 목자이심을 분명히 하고 죽어라 예수님만 붙잡고 살았더니 어떤 상황에서도 만족할 수 있다는 것입니다. 여러분, 이 놀라운 비밀을 여러분도 다 허락받으셨습니다.

시편 23편

저는 두 딸이 중학생일 때 각각 해외여행을 보낸 적이 있었습니다. 온 가족이 함께 갈 형편이 안 되기도 했지만, 기회가 있을 때 아이들이 세계를 경험하는 훈련이 되겠다고 생각했기에 결단한 것입니다. 큰딸은 중학생 때 독일에, 둘째 딸은 중학생 때 언니가 있는 미국으로 혼자 여행을 보냈습니다. 첫째의 경우 독일에 사시는 목사님의 도움으로 프랑크푸르트 공항 내부를 잘 그려주었는데, 딸이 도착해보니 공항 내부가 변경되어 엄청 당황하였답니다. 둘째 딸이 미국에 갔을 때는 폭설로 다른 공항에 내리게 되어 마중나오기로 한 언니를 만나지 못하여 크게 당황하였습니다. 지나고 나서야 좋은 경험이 되었지만 두 딸 모두 큰 고생을 했습니다. 미국이나 독일이 다 선진국이고 살기 좋은 나라가 아닙니까? 나라로 치면 푸른 풀밭이요 잔잔한 물가 같은 나라지만 혼자 가니 위험하기 짝이 없는 곳이었습니다.

반면 교회 청소년부 아이들이 필리핀 단기선교를 다녀왔는데, 대부분 첫 해외여행이었고 열악한 빈민촌을 다녀왔습니다. 그러나 아이들은 너무나 큰 은혜를 받았고 행복해했습니다. 젊은이교회 청년들도 인도 단기선교를 가서 최하층 계급인 불가촉천민이 사는 동네에서 주일예배를 드렸습니다. 인솔자인 전도사님이 가져간 기타가 있었는데, 그 마을 교회의 청년이 전도사님의 기타를 치며 찬양하는 것을 보고 그 청년에게 기타를 주었다고 합니다.

그 기타는 전도사님의 아버지가 고1 때 사준 첫 기타로 15년 동안 전도사님과 함께해온 기타였습니다. 그러나 그렇게 하라는 주님의 마음을 느꼈기에 감사한 마음으로 기타를 청년에게 주었고, 그 인도 청년이 예배당에서 기타를 연주하며 하나님을 계속 찬양하기를 기도하며 돌아왔다는 것입니다. 그 간증이 너무나 큰 은혜가 되었습니다. 필리핀의 빈민촌에도 인도의 오지 불가촉천민의 동네에도 예수님이 계시면 그곳이 푸른 초장이고 쉴 만한 물가입니다. 주님이 인도하시는 곳이면 어디든지 다 푸른 초장과 잔잔한 시내가 됩니다.

여러분, 삶에 지치셨습니까? 목자가 없어서 그런 것입니다. 불안하십니까? 불만이 가득하세요? 예수님을 죽어라 붙잡고 살지 못해서 그런 것입니다. 그래서 예수님께서 여러분을 인도하고 싶어도 제대로 이끌지 못하시는 것입니다. 푸른 초장이나 잔잔한 물가가 따로 있지 않습니다. 푸른 초장과 잔잔한 물가를 좇아다니면 다 망합니다. 거기에는 진짜 평안이 없습니다. 풀밭이 넓어도 물이 잔잔해도 절대로 마음이 편안해지지 않습니다.

오직 예수님을 붙잡아야 합니다. 주님이 인도하시는 대로 살아야 합니다. 그러면 어디든지 다 편안하고, 어디든지 다 푸른 초장이라는 것을 경험하게 됩니다. 거짓 평안에 속지 마십시오. 예수님만 죽어라 붙잡고 사는 믿음을 가지십시오. 그리고 다른 사람들에게 그 은혜와 축복을 흘려보내시기 바랍니다.

10

성공의 길에서
의의 길로
방향 전환하라

시편 23편 3절은 너무나 중요한 성경 구절입니다. 우리가 "예수님 아니면 죽습니다!" 하는 자세로 목자이신 예수님만 따라 살면 주님은 우리 영혼을 소생시키시고 주의 이름을 위하여 의의 길로 인도하신다는 약속입니다.

의의 길로 인도하시는 목자

> 내 영혼을 소생시키시고 자기 이름을 위하여 의의 길로 인도하시는도 다 시 23:3

우리는 주님이 인도하시는 대로 살아야 합니다. 그런데 주님이 의의 길로 인도하실 때, 그 길로 가지 않으려는 이들이 있습니다. 의의 길보다 성공의 길을 가고 싶은 것입니다. 마음이 간사하여 '어떻게 하면 돈을 벌고 집을 살까? 어떻게 하면 성공할 수 있을까?' 하는 생각으로 꽉 차 있는 것입니다.

예수님은 우리를 성공의 길로 인도하지 않으시고 의의 길로 인도하십니다. 그것이 살길이기 때문입니다. 그래서 이 점을 마음에 분명히 새겨야 합니다. 우리가 성공의 길로 가려 하니 예수를 믿어도 혼란스러운 것입니다. 어느 때는 예수님에 대해 화가 날 때도 있습니다. '도대체 뭐 하시는 건가? 왜 응답을 안 해주시는 건가? 주님이 나와 함께 계신 것이 사실인가?' 이런 마음이 드는 것은 주님께서 우리가 원하는 성공의 길로 인도하시지 않는 것처럼 여겨지기 때문입니다.

세상 사람들이 점점 '속도'에 미쳐가는 것 같습니다. 빠른 것이 제일입니다. 하루가 다르게 휴대폰도 인터넷도 더 빠른 것이 나옵니다. 이제는 그야말로 속도 전쟁입니다. 그것은 우리 마음에 성공을 향한 열망이 가득하기 때문입니다. 연예인들도 빨리 인기를 얻고 싶어 하고, 아이들도 빨리 커서 성공하고 싶어 하고, 장사하는 사람도 빨리 돈을 벌고 싶어 합니다. 빨리 되는 일에 거의 미쳐 있습니다.

그런데 속도가 빨라져서 행복해졌는지 한번 생각해봐야 합니다. 하나님은 속도에 별로 관심이 없으십니다. 그래서 답답한 것입니다. 왜 하나님은 빨리 응답해주지 않으시는 걸까요? 하나님이 이스라엘 백성을 애굽에서 구원하신 후, 그들을 가나안 땅으로 인도하시겠다고 하셨습니다. 일주일이면 갈 수 있는 거리입니다. 그런데 하나님이 인도하셨으니 하루나 이틀 만에 가게 해주셔야 하지 않습니까? 하지만 광야를 통과하는 데 40년이 걸렸습니다.

하나님이 능력이 없으셔서 그렇게 하셨습니까? 하나님은 속도에 관심이 없으십니다. 예수님을 믿고도 하나님이 답답하다고 느낀다면 이제 제대로 알아야 합니다. 하나님은 애초에 속도에 그다지 관심이 없으십니다. 빨리 경제적으로 자립하고, 빨리 돈을 벌고, 빨리 장사가 잘되고, 빨리 승진하고, 빨리 학위를 따고, 하나님은 그런 것에 관심이 없으십니다.

이스라엘 백성은 400년 동안 애굽에서 종살이하며 그 안에 노예 근성이 가득했습니다. 하나님의 관심은 이스라엘 백성들이 준비되어 가나안 땅에 들어가는 것이었습니다. 그래서 40년이 필요했습니다. 하나님께서 지금 우리도 그렇게 인도하십니다. 하나님의 관심은 우리가 돈을 많이 벌고, 좋은 집을 짓고, 좋은 차를 타고 성공하는 것이 아닙니다. 실망하셨다면 어쩔 수 없습니다. 이것이 사실입니다. 듣기 부담스러워도 정확하게 들으십시오. 하나님은 여러분의 성공에 별 관심이 없으십니다. 여러분이 의로운 사람이 되는 일에 관심이 있으십니다. 하나님을 경외하는 사람, 이제는 죄에서 떠난 사람이 되기를 원하십니다. 그래서 하나님이 우리를 의의 길로 인도하신다고 말씀하는 것입니다.

의의 길 vs 성공의 길

하나님이 어디에 관심이 있으신지 성경을 한번 찾아볼까요?

나의 자녀들아 내가 이것을 너희에게 씀은 너희로 죄를 범하지 않게 하려 함이라 요일 2:1

하나님께로부터 난 자마다 죄를 짓지 아니하나니 이는 하나님의 씨가 그의 속에 거함이요 그도 범죄하지 못하는 것은 하나님께로부터 났음이라 이러므로 하나님의 자녀들과 마귀의 자녀들이 드러나나니 무릇 의를 행하지 아니하는 자나 또는 그 형제를 사랑하지 아니하는 자는 하나님께 속하지 아니하니라 요일 3:9-10

하나님의 관심은 우리가 죄의 종 노릇하지 않고 거룩하고 경건하게 사는 것에 있습니다. 성공의 길과 의롭게 사는 길이 앞에 있다면 여러분은 어느 길을 택하시겠습니까? 성공의 길을 포기하고 의로운 길을 택할 수 있습니까? 그렇게 준비되셨습니까? 여러분이 그렇게 준비된 마음이 되기를 축복합니다. '내가 그럴 수 있을까? 내가 성공을 포기하고 의로운 길을 붙잡을 수 있을까? 나는 너무 어려울 것 같아.' 그런 분이 있으실 것입니다. 하지만 그것은 진짜 생명의 길을 모르기 때문에 그렇습니다.

좁은 문으로 들어가라 멸망으로 인도하는 문은 크고 그 길이 넓어 그리로 들어가는 자가 많고 생명으로 인도하는 문은 좁고 길이 협착하여 찾는 자가 적음이라 마 7:13-14

사람들이 다 성공을 향해 넓은 길로 갑니다. 돈을 벌고 집을 사고 좋은 차를 사고 사람들 앞에 과시하며 넓은 길로 갑니다. 하지만 그 길은 멸망으로 가는 길이라고 했습니다. 좁은 문으로 들어가기를 힘써야 합니다. 들어가려고 해도 들어가지 못하는 사람이 많을 것이라고 했습니다. 이 세상에 고생하면서 의롭게 살기를 원하고, 성공을 포기하고도 하나님 앞에 경건한 사람이 되기를 원하는 사람이 몇이나 되겠습니까? 예수님을 믿는다고 다 그렇게 살겠습니까? 정신을 똑바로 차려야 합니다. 어느 길이 생명의 길인지 분별해야 합니다.

생명의 길 vs 죽음의 길

여러분, 억지로 가라고 하면 의의 길을 가지 못합니다. 그 길이 생명의 길인 줄 알아야 가는 것입니다. 그러려면 먼저 우리의 영안이 열려야 합니다. 그래서 3절에 "의의 길로 인도하시는도다"라고 말씀하기 전에 "내 영혼을 소생시키시고"라고 합니다. 내 영혼이 살아나야 합니다. 육신의 눈과 이성적인 판단만 있는 것이 아니라 나의 영적인 감각이 살아나야 합니다. 영생이 있습니다. 하나님이 계시고 심판이 있고 천국과 지옥이 있습니다. 우리가 이 사실을 알지 못하면 성공의 길과 의의 길에서 갈등하게 됩니다. 기쁨으로 의의 길로 가지 못한다는 말입니다.

세계적인 물리학자 스티븐 호킹 박사는 "천국이나 사후세계는 실재하지 않는다"라고 주장했습니다. 그 이유는 인간이 컴퓨터와 똑같다고 생각하기 때문입니다. 그는 실제로 마지막 순간에 뇌가 깜박거림을 멈추면 그 이후에는 아무것도 없다고 말했습니다. "뇌는 부속품이 고장 나면 작동을 멈추는 컴퓨터다. 고장 난 컴퓨터를 위해 마련된 천국이나 사후세계는 없다." 스티븐 호킹처럼 지적으로 뛰어난 사람이 이런 말을 했습니다. 사람이 컴퓨터와 다를 바 없다는 것입니다. 컴퓨터에 무슨 사후세계가 있습니까? 우리도 마찬가지라는 것입니다. 그가 이렇게 말한 이유는 그의 영혼이 죽어 있기 때문입니다. 그래서 영적 세계를 전혀 알지 못하는 것입니다.

우리는 천국이 없다는 것이 얼마나 무서운 말인지 알아야 합니다. 천국이 없다면 우리가 사는 세상은 그대로 지옥입니다. 그러면 왜 고생스럽게 의로운 길을 갑니까? 왜 손해 보면서도 옳은 삶을 살아야 하나요? 천국도 없고, 하나님도 안 계시고, 심판도 없다면 육신이 이끄는 대로 살아가면 그만입니다. 어차피 죽으면 끝이기 때문입니다. 의롭게 살든 불의하게 살든, 착하게 살든 악하게 살든, 어차피 죽으면 끝인데 무엇 때문에 고생스럽게 손해 보면서 정의롭게 살아야 하느냐는 말입니다.

천국이 없다면 얼마나 무서운 세상이 되는지 아십니까? 천국이 없고 사후세계가 없다고 하는 순간부터 악을 막을 방법이 없습니다. 사람들에게 올바른 길로 가라고 가르칠 이유가 없어집니다. 하나님이 안 계시고 사후세계도 없다는 것이 진화론입니다. 지금 학교에서는 진화론을 진리처럼 가르칩니다. 이것이 세상이 점점 무섭게 변해가는 이유입니다. 진화론 때문에 세계 전쟁이 일어났다는 것을 아십니까? 독일 나치주의, 공산주의가 다 진화론의 결론입니다. 약한 자, 약한 민족은 살아남을 가치가 없다는 것입니다. 인류가 더 생존하고 강한 인류가 되기 위해서 약한 사람은 빨리 죽어야 하는 것입니다. 그것이 동물의 세계입니다. 진화론의 세계는 무서운 약육강식의 세계, 짐승의 세계입니다.

주님은 우리를 하나님나라까지 인도하신다

우리의 목자이신 주님이 우리를 어디까지, 언제까지 인도하실까요? 우리가 이 세상에 사는 동안에도 예수님은 우리의 목자이십니다. 우리가 열심히 일해서 하는 일에 성공하고, 경제적으로도 여유롭고, 가정이 화목하고 건강하며 자녀들이 잘 성장하고, 많은 사람들을 도우며 사는 일도 우리 주님의 관심사이십니다. 그러나 그뿐입니까? 그다음은 어디로 인도하십니까?

주님의 관심은 우리가 이 세상에서 성공적인 삶을 사는 것만이 아닙니다. 주님은 우리를 영원한 하나님나라까지 인도하십니다. 그래서 우리를 의의 길로 인도하시는 것입니다. 이 세상 성공이 아무것도 아니라 할 수 없지만 영생의 문제 앞에 서면 아무것도 아닐 정도로 작은 것입니다. 주님이 우리를 정말 이끌어가시려는 곳은 하나님나라입니다. 영원한 하나님나라에서 사는 것입니다.

그 하나님나라에 어떤 사람이 들어갑니까? 영원한 하나님의 나

라에는 하나님을 경외하는 사람, 거룩한 사람, 의로운 사람이 들어
갑니다. 의로운 길은 하나님나라의 백성이 되기 위해 준비된 길입
니다. 그런데도 예수님께서 우리를 성공의 길이 아닌 의의 길로 인
도하시는 것이 섭섭합니까? 예수님은 우리에게 무엇이 필요한지
잘 아시고 우리를 성공의 길보다 의의 길로 인도하시는 것입니다.
만일 한국의 그리스도인이 다 의의 길로 인도하시는 주님을 따라
살았다면 우리나라는 벌써 변화되었을 것입니다. 그러나 주님의
인도를 받으려는 사람은 참으로 적습니다. 조금 불의해도 성공하
는 길로 가고 싶고, 잘 먹고 잘사는 길로 가고 싶어 합니다. 그래서
개인의 삶도 엉망진창이 되고 사회도 혼란스러워지는 것입니다.

　여러분, 명심해야 할 말씀이 있습니다.

> 모든 사람과 더불어 화평함과 거룩함을 따르라 이것이 없이는 아무도
> 주를 보지 못하리라 히 12:14

　주님이 여러분을 어떻게 인도하시는지를 잘 분별해야 합니다.
모든 사람과 화평하고 거룩한 사람이 되어야 한다는 생각이 바로
성령의 음성입니다. 그 음성을 무시하고 덮어버리면 큰일납니다.
이 세상 사는 동안에는 무언가 이루었을지 몰라도 하나님나라에
들어가는 순간에 비통한 인생이 되고 맙니다.

　사는 동안 왜 인생이 이해가 안 되고 하나님이 이해가 안 됩니
까? 성공으로 문제를 풀어보려고 하니까 그렇습니다. 그러니까 열

등감에 빠지고 좌절감에 빠지고 낙심에 빠지고 하나님에 대한 원망이 생기고 하나님이 믿어지지 않는 것이고, '성공'이라는 열쇠로 인생의 문제를 열려고 하니까 열리는 것이 없는 것입니다. '하나님이 나를 의로운 사람, 죄의 종 노릇하지 않는 사람. 하나님을 경외하는 사람으로 만들어가려고 하시는구나!' 하는 관점에서 여러분의 삶의 문제를 한번 풀어보십시오. 안 풀리는 문제가 없을 것입니다. 하나님이 나를 더 경건하고 하나님만 의지하고 하나님을 경외하는 사람으로 만들어가려 하신다고 생각하면 답이 나옵니다.

아골 골짝 빈들에는 갈 수 없어요!

제가 신학교 졸업반 때 '부름받아 나선 이 몸' 찬양을 부르지 못했습니다. 그 찬양에 "아골 골짝 빈들에도 복음 들고 가오리다"라는 가사가 나오는데, 저는 그 당시 목사가 되어서 성공하고 싶었지 아골 골짝 빈들에는 가고 싶지 않았습니다. 이렇게 목사도 성공에 사로잡히면 주님의 말씀이라도 순종이 안 되는 것입니다.

성공에 마음을 빼앗기면 주님은 결코 나의 목자가 될 수 없습니다. 주님이 이끄시는 대로 가지 못하고 언젠가 주님과도 헤어져야 합니다. 주님은 의의 길로 인도하시는데, 나는 성공하고 싶다면 결국은 갈라서게 됩니다. 주님과 작별 인사를 해야 합니다. "그동안 너무 행복했습니다. 그런데 이 길은 제 길이 아니네요. 저는 성공하고 싶습니다. 돈도 벌고 싶습니다. 저도 좀 떵떵거리고 살고 싶

어요. 주님이 가시는 그 길은 너무 어려워요. 안녕히 가세요.” 어
느 순간 이렇게 하고 말 것입니까? 이제는 마음을 분명히 다잡아야
합니다. 주님이 때때로 성공의 길을 돌아보지 말라고 하시고, 의의
길로 가자고 하실 때 이렇게 고백해야 합니다. “주님, 저는 두 번
생각 안 하고 주님이 인도하시는 길을 끝까지 따라가겠습니다!”

하나님께서 우리를 하나님나라 백성으로 준비시키고 계십니다.
하나님의 계획을 알지 못하면 절대로 이해가 안 됩니다. 순교자는
저주받은 자입니까? 실패한 사람입니까? 성도의 연단은 왜 필요합
니까? 세상에서는 예수 잘 믿고 끝까지 믿음을 지키다가 순교한 사
람을 가리켜 성공했다고 하지 않습니다. 그러나 우리가 하나님 앞
에서 의의 길로 가는 것을 알 때는 문제 될 것이 없습니다. 순교자
는 정말 성공한 사람입니다.

의를 위하여 박해를 받은 자는 복이 있나니 천국이 그들의 것임이며 너
희가 나로 말미암아 너희를 욕하고 박해하고 거짓으로 너희를 거슬러 모든 악
한 말을 할 때에는 너희에게 복이 있나니 기뻐하고 즐거워하라 하늘에
서 너희의 상이 큼이라 너희 전에 있던 선지자들도 이같이 박해하였느
니라 마 5:10-12

비로소 ‘고난이 축복’이라는 사실이 분명히 이해됩니다. 주님이
인도하시는 길은 의의 길이며 그렇기 때문에 주님은 순교의 길로
도 우리를 인도하실 수 있는 것입니다.

그들이 옳게 여겨 사도들을 불러들여 채찍질하며 예수의 이름으로 말하는 것을 금하고 놓으니 사도들은 그 이름을 위하여 능욕받는 일에 합당한 자로 여기심을 기뻐하면서 공회 앞을 떠나니라 행 5:40-41

예수 때문에 매 맞는 것이 기쁩니다. 성공을 위해 사는 사람에게는 말도 안 되는 일입니다. 그러나 의의 길로 가려고 작정한 사람은 다릅니다. 그 길로 가기 위해 매를 맞는다고 하더라도 그는 오히려 기쁩니다. 우리는 이 길을 가야 합니다.

그러면 "먹고사는 것은 어떻게 합니까?"라는 질문이 나올 만합니다. 그 대답은 "걱정하지 말라"는 것입니다. 하나님이 다 책임져 주실 것입니다.

그러므로 내가 너희에게 이르노니 목숨을 위하여 무엇을 먹을까 무엇을 마실까 몸을 위하여 무엇을 입을까 염려하지 말라 … 그런즉 너희는 먼저 그의 나라와 그의 의를 구하라 그리하면 이 모든 것을 너희에게 더하시리라 마 6:25-33

이것이 주님의 약속입니다. 이제 이렇게 기도해보십시오. "하나님, 제가 이 말씀의 증인이 되게 해주세요. 이제부터 무엇을 먹을까 무엇을 입을까 안달하며 살지 않겠습니다. 성공을 향해 달려가지 않겠습니다. 오직 주님이 이끄시는 의의 길로 가겠습니다. 하나님을 경외하는 삶을 살겠습니다. 그때 하나님이 다 먹여주시고 다

입혀주세요. 제가 의의 길로 가기로 작정했을 때 하나님이 한 번도 굶기신 적이 없음을 증거하게 해주세요."

주님이 직접 일하신다

큰 집에는 금과 은그릇뿐 아니라 나무와 질그릇도 있어 귀하게 쓰는 것도 있고 천하게 쓰는 것도 있나니 그러므로 누구든지 이런 것에서 자기를 깨끗하게 하면 귀히 쓰는 그릇이 되어 거룩하고 주인의 쓰심에 합당하며 모든 선한 일에 준비함이 되리라 딤후 2:20-21

여러분, 우리의 문제는 자신이 금그릇인지 은그릇인지가 아닙니다. 깨끗한 그릇인지가 중요합니다. 자신이 어느 정도 귀한 그릇인지에 너무 연연해하지 마십시오. 주님이 우리를 쓰실 때 깨끗한 그릇인지만 보신다고 하셨습니다. 우리가 깨끗하면 주님이 쓰십니다. 주님이 쓰시면 그것으로 충분합니다. 능력이 없습니까? 가진 것이 없습니까? 인물이 부족합니까? 걱정하지 마십시오. 그것은 걱정할 문제가 아닙니다. 하나님은 일부러라도 약하고 미련하고 천한 사람을 택하시는 분이라고 성경에 분명히 말씀하셨습니다. 자신의 능력이 모자라고, 가진 것이 적고, 남보다 열등하다면 오히려 더 기뻐해야 합니다.

그러나 하나님께서 세상의 미련한 것들을 택하사 지혜 있는 자들을 부끄럽게 하려 하시고 세상의 약한 것들을 택하사 강한 것들을 부끄럽게 하려 하시며 하나님께서 세상의 천한 것들과 멸시받는 것들과 없는 것들을 택하사 있는 것들을 폐하려 하시나니 고전 1:27-28

주님은 왜 이런 사람을 택하실까요? 주님이 직접 일하시기 때문입니다.

그리스도께서 이방인들을 순종하게 하기 위하여 나를 통하여 역사하신 것 외에는 내가 감히 말하지 아니하노라 롬 15:18

주님이 직접 일하시는데 우리 능력이 있고 없고가 무슨 상관이 있습니까? 그저 예수님만 죽어라고 붙잡고 가면 되는 것입니다. 약한 것이 오히려 더 놀라운 증거가 됩니다.

한번은 인턴 전도사 수련회에서 말씀을 전했는데, 기도할 때 하나님께서 책망의 마음을 주셨습니다. 첫 시간에는 죄로 인하여 속으로 무너진 전도사들을 책망하셨습니다. 사람의 눈에 보이지 않으나 주님이 마음에 계심을 믿으라 하시고, 더 이상 죄의 종이 되지 말고 주의 종이 되라고 하셨습니다. 그런데 두 번째 시간에 또다시 책망하는 마음을 주셨는데, 이번에는 첫 번째보다 더한 책망이었습니다. 그 대상은 다른 전도사님들보다 좋은 평가를 받고 사역도 잘하고 자신감이 넘치는 전도사님들에 대한 책망이었습니다.

시편 23편

사람에게 인정받고 설교 잘한다는 칭찬을 받는다고 해서 큰 교회 담임목사를 꿈꾼다면 진짜 내 종이 맞느냐고 하셨습니다. '앞으로 성공해야지' 하는 마음으로 목사가 되려는 마음이 얼마나 큰 죄인가를 책망하시며, 겉으로는 주님을 위하여 목회하는 것 같지만 사실은 자신을 만족시키고자 하는 거짓된 마음임을 책망하셨습니다.

여러분, 목사만 그렇겠습니까? 하나님이 왜 역사하시지 못합니까? 우리 안에 야망이 너무 커서 그렇습니다. 돈을 벌면 어디에 쓰려고 합니까? 성공하면 대체 무엇을 하려고 그럽니까? 하나님나라를 위한 것입니까? 거룩하고 경건한 사람이 아니라면 소위 말하는 성공은 하나님의 이름에 더 먹칠하는 것입니다.

여러분, 이제는 정말 분명하게 마음을 정해야 합니다. 하나님의 마음을 알아야 합니다. 하나님을 속일 수 없습니다. 하나님은 여러분의 마음을 잘 아십니다. 여러분이 성공을 꿈꾸고 있다는 것을 아십니다. 하지만 이제는 하나님 앞에 올바른 사람, 죄의 종 노릇하지 않고 하나님을 경외하는 것이 목표입니다. 성공의 길로 가던 자가 의의 길로 가겠다고 마음먹으면 하나님이 어떻게 하시는지를 여러분이 경험하게 될 것입니다.

의의 길로 인도하시는 주님을 기쁨으로 따라간 사람

고(故) 김대영 권사님을 추모하는 책을 출간하였습니다. 예수를 믿으면 어떻게 되는지를 이분이 너무나 강력하게 증거하고 있습니다. 김대영 권사님은 불우한 어린 시절을 보냈습니다. 태어날 때 부모님은 이미 이혼했고, 사춘기 때 방황하며 방탕한 삶을 살았습니다. 후에 예수 믿는 아내를 만나 예수님을 믿었습니다. 하지만 그는 결혼하고도 바르게 살지 못했습니다. 유부녀와 불륜에 빠졌다가 그 여자가 "우리 서로 가정으로 돌아가자" 하는 말에 화가 난 나머지 양쪽 배우자 모두에게 불륜 사실을 폭로했습니다. 두 가정 다 파탄 나기를 바랐기 때문입니다.

그런데 전혀 예상치 못한 아내의 반응에 충격을 받았습니다. 아내는 그런 자신을 용서하겠다고 했습니다. 세상에 어떻게 그럴 수 있을까 싶었습니다. 아내가 믿는 '예수'에 대해 알고 싶어서 교회에 갔습니다. 그리고 교회에 나온 첫날, 주님께 사로잡혔습니다. 설교 중에 '잃어버린 한 마리의 양'이 자신임을 알았습니다. 속에서부터 걷잡을 수 없는 통곡이 터져 나왔습니다. 그리고 인생이 완전히 바뀌었습니다.

그가 세례 간증을 하던 날, 목사인 저도 당황할 만큼 그는 자기 죄를 적나라하게 드러냈습니다. 제가 오히려 말렸는데도 그는 그렇게 하고 싶다고 했습니다. 자신이 예수 믿기 전 옛사람의 실상을 드러내고 그는 완전히 죄에서 돌아섰습니다. 그는 집사도 아닌 평신도일 때 이미 교회의 '기도왕', '전도왕', '장로 같은 성도', '선교사'라는 말을 들었습니다. 그 사람을 만나면 다 마음을 열고 주님을 믿었습니다. 그는 정말 죄의 길에서 떠나 의의 길로 들어선 사람이었습니다.

하나님께서 그를 중국 나환자촌 선교사로 부르셨는데 선교사 훈련을 받는 동안 선한목자교회의 경비로 일하며 천국의 문지기 훈련을 받았습니다. 그는 온갖 궂은일을 도맡아 하고, 어려운 일이 있어도 얼굴 한번 찡그린 적이 없었습니다. 모든 것에 감사하고 기뻐했습니다. 그런 그가 대장암 말기 판정을 받았고 수술도 할 수 없어서 항암치료만 받았습니다. 항암치료를 마친 날 하나님은 그에게 중국 선교사로 가라고 하셨습니다. "왜 지금 이런 몸으로 선교사로 가라고 하십니까?" 하나님께 물었을 때 그는 응답을 받았습니다. 김대영 권사님은 저에게 웃으며 말했습니다.

"목사님, 이제 저는 기쁨으로 선교할 수 있습니다. 처음에 하나님이 중국 나환자촌으로 가라고 하실 때는 솔직히 겁이 났습니다. 그러다 내가 나병에 걸리지 않을까? 내가 그 사람들을 끝까지 잘 섬길 수 있을까? 그런데 지금은 너무 기쁩니다. 갈 수만 있게 해달라고 기도했습니다. 하나님이 가라고 하시니 너무 기뻐요."

그는 정말 기뻐서 중국 나환자촌에 갔습니다. 그리고 몸 상태가 악화되어 귀국한 뒤에도 숨이 끊어지기 전까지 전도했습니다. 김대영 권사님과 함께 전도를 다니던 성도는 "김대영 권사님과 함께 전도를 나가면 저희도 전도에 자신감이 생겨요"라고 말할 정도였습니다. 그는 정말 놀라운 영향력을 끼치는 사람이었습니다.

하나님은 그에게 약속해주신 것을 다 이루어주셨습니다. 아버지와의 관계, 동생들과의 관계를 다 풀어주시고 그리스도의 사랑을 전하게 해주셨습니다. 예전에는 함께 사는 것조차 싫어할 만큼 그를 미워했던 자녀들에게 이제는 가장 존경받는 아버지가 되었습니다. 그의 아들이 이런 편지를 썼습니다.

"사랑하는 아빠, 사람들이 이 세상에서 가장 존경하는 사람이 누구냐고 묻는다면 '아빠'라고 대답할 것입니다. 그럼 아빠 직업이 뭐냐고 물으면 자랑스럽게 '교회 경비'라고 말할 것입니다. 왜냐하면 하나님께서 아빠를 너무나 사랑하시기 때문입니다. 저는 요즘 말씀으로 날마다 살아 계신 하나님을 만나는 것이 너무 신기하고 감사합니다. 또 죄를 회개하면 용서하시고 사랑으로 안아주시는 하나님의 은혜에 감사합니다. 날마다 하나님께 더 가까이 가게 해달라고 기도하고 있어요. 아빠, 부탁이 한 가지 있습니다. 중국 선교사로 가실 때 저를 데려가주세요. 이곳 생활이 싫어서가 아니라 더 넓은 땅에 가서 예수님의 사랑을 전하고 그 향기를 나타내기 위해서입니다."

그의 장례식 날, 임종예배, 입관예배, 발인예배, 마지막 하관예배까지 얼마나 많은 성도가 모였는지 장례에 참석한 사람들이 다 감동을 받았습니다. 김대영 권사님은 결코 성공적인 삶을 산 사람이 아닙니다. 그는 불행한 삶을 살았다고 해도 과언이 아닙니다. 그러나 그는 불쌍한 사람이 아니었습니다. 그는 예수를 믿은 후 의의 길로 인도하시는 목자이신 예수님을 따라 살았습니다. 그는 놀라운 사람이 되었습니다. 잊을 수 없는 사람이 되었습니다. 그 분이 돌아가시고 난 다음에 이분이 하늘의 별과 같이 빛나는 삶을 살았음을 알았습니다. 그래서 그 분의 생애를 책으로 남기고 싶었던 것입니다. 그냥 잊히기에는 너무 아까운 분입니다.

지혜 있는 자는 궁창의 빛과 같이 빛날 것이요 많은 사람을 옳은 데로
돌아오게 한 자는 별과 같이 영원토록 빛나리라 단 12:3

언제나 함께하시는 예수님을 바라보라

여러분, '성공의 길'에서 '의의 길'로 인생의 목표를 전환해야 합니다. 우리는 죄를 이기고 거룩하게 살 수 있습니다. 우리의 육신은 끊임없이 우리를 죄짓게 만듭니다. 그것은 사실입니다. 그런데 어떻게 죄를 안 짓고 살 수 있습니까? 우리와 함께 계시는 예수님 때문입니다. 그리스도인이 되면 단순히 예수님이 십자가에 죽으셨다가 부활하신 것을 믿으라고 하지 않고 그 예수님이 목자가 되셔야 한다고 강조합니다. 왜냐하면 나와 함께하시는 목자이신 예수 그리스도를 바라볼 때 죄를 이길 수 있기 때문입니다.

금요성령집회 때 한 청년이 내놓은 기도 제목입니다. "제 안에 있는 더러운 영들을 뿌리 뽑아주세요. 미움, 두려움, 분노, 음란의 영을 뿌리 뽑아주세요." 기도 제목에서 그 청년의 갈급함이 느껴졌습니다. 그러나 기도하기 전에 그 청년에게 말해주어야 했습니다. "다시는 죄 된 생각도 안 들고 분노도 없고 음란한 생각도 없으리라고 기대해서는 안 돼. 육신이 있는 동안에 여전히 죄의 유혹이 있을 거야. 그러나 두려워하지 마. 이제 예수님을 바라봐. 다시는 그

런 생각이 안 들게 해달라고 기도하지 말고 언제나 함께하시는 예수님을 바라보게 해달라고 기도해. 예수님을 바라보면 유혹이 와도 얼마든지 이길 수 있어. 예수님과 함께한다는 게 믿어지면 죄는 너를 넘어뜨릴 수가 없단다." 그리고 간절히 기도해주었습니다.

하나님께로부터 난 자는 다 범죄하지 아니하는 줄을 우리가 아노라 하나님께로부터 나신 자가 그를 지키시매 악한 자가 그를 만지지도 못하느니라 요일 5:18

그렇습니다. 이제 주님이 의의 길로 인도해가십니다. 지금도 그렇게 하고 계실 것입니다. 그런데 여러분이 넘어지거나 쓰러질 때 너무 낙심하지 마십시오. 또다시 죄에 넘어지고 쓰러진 사람이 있을 것입니다. 지금 마음이 무거우신 분도 있을 것입니다. 그런데 걱정하지 마십시오. 어린아이가 걷고 뛸 때 얼마나 많이 넘어집니까? 그런데 그 아이가 넘어진다고 좌절합니까? 쓰러지고 넘어진 것 때문에 포기하나요? 부모님이 아이가 넘어진 것 때문에 낙심합니까? 일어난 것을 보고 놀라고, 한 걸음 내디딘 것을 보고 기뻐합니다. 왜 우리는 그렇게 못합니까?

우리도 그렇게 하면 됩니다. 중단하고 포기하는 것이 문제입니다. 성령으로 사는 훈련을 계속하는 것이 얼마나 중요한지 모릅니다. 하루아침에 성령의 사람이 되지 않았다고 좌절하지 말아야 합니다. 오직 24시간 예수님을 바라보는 일을 계속해야 합니다. 내

속에 언제부턴가 거룩하게 살고자 하는 열망이 생겼습니다. 죄를 끊어버리고 싶은 생각이 들었습니다. 이것이 놀라운 성령의 역사입니다. 기뻐하십시오. 넘어져도 다시 일어나십시오. 의의 길로 당당히 걷는 자신을 보게 될 것입니다. 그 의의 길이 억지로 가는 길이 아니라 기쁨으로 가는 길이 되기를 축복합니다.

11

예수님만
함께하시면
죽음도 두렵지 않다

여러 가지 어려운 일들로 사람들의 마음이 무겁습니다. 두려움의 영이 전 세계를 덮고 있습니다. 그러나 어려움과 두려움은 다르다는 사실을 명심해야 합니다. 어려움보다 더 무서운 것이 두려움입니다. 개인적으로도 건강의 어려움, 재정의 어려움, 가정의 어려움 때문에 마음이 두려운 분들이 계실 것입니다. 그러나 어렵다고 다 문제는 아닙니다. 어려움과 두려움을 구분할 줄 알아야 합니다.

흔히 어려움이 커서 두렵다고 착각합니다. 실제로 큰 문제가 생기면 두려움을 느낍니다. 그런데 꼭 그런 것은 아닙니다. 게임할 때나 운동을 하거나, 등산을 할 때 어려움이 없으면 재미가 없고 시시하다고들 합니다. 사람은 어려운 단계를 즐기며 또 그것을 자랑합니다. 이것은 능력과도 관계가 있습니다. 어떤 문제들이 두려움으로 다가온다면 그것은 우리가 영적으로 너무나 약하기 때문입니다. 그러므로 위기상황인 지금이야말로 기도해야 할 때입니다. 영적으로 강해져야 합니다. 만약 하나님이 약속하신 대로 우리를 성령으로 충만케 하시면 어려운 일이지만 두렵지는 않습니다. 기도의 힘이 모아지면 놀라운 하나님의 역사가 일어납니다. 어려움

시편 23편

과 두려움이 구분되는 것을 경험하실 것입니다.

시편 23편 4절은 그런 점에서 도전이 되는 말씀입니다.

> 내가 사망의 음침한 골짜기로 다닐지라도 해를 두려워하지 않을 것
> 은… 시 23:4

　이것은 한마디로 죽음도 두렵지 않다는 것입니다. 죽음이 두렵지 않으면 사망의 골짜기를 얼마든지 지나갈 수 있습니다. '이번에는 어떤 경험을 할까?' 오히려 기대하고 즐기면서 갈 수 있습니다. 이것이 지금 우리에게 필요한 믿음입니다. 이것은 23편 1,2절의 부족함이 없다는 고백이나 푸른 풀밭에 눕게 하신다는 고백과는 또 다른 고백입니다. 놀이기구 타는 것을 즐기는 사람들은 안전이 보장된다면 난이도가 좀 더 높은 놀이기구를 타려고 합니다. 그러면서 스릴이 넘치고 재미있다고 합니다. 우리의 삶도 똑같습니다. 다윗이 지금 그 고백을 하고 있습니다.

　그렇다면 다윗이 어떤 사람이기에 사망의 음침한 골짜기를 다녀도 두렵지 않을까요? 그는 주님이 자신과 함께하시는 것을 알았습니다. 그러니까 죽음도 두렵지 않다는 말입니다. 여러분이 예수님을 진정으로 믿는다면 '나는 죽음도 두렵지 않아' 라고 고백할 수

예수님만 함께하시면 죽음도 두렵지 않다

있어야 합니다. 죽음은 고사하고 경제적인 문제, 건강의 문제로 두려워하고 있다면 정말 예수님이 자신의 목자이신지 돌아보아야 합니다.

다윗이 하나님을 잘 믿었지만, 그의 삶은 힘들고 어렵고 위험했습니다. 그는 죽을 고비를 수도 없이 넘겼습니다. 우리 중에 다윗처럼 많은 시련을 겪은 이는 없을 것입니다. 다윗은 어린 목동일 때 곰과 사자와 싸웠습니다. 소년 다윗은 거인 골리앗과도 싸웠습니다. 이를 시기한 사울 왕이 다윗을 죽이려고 해서 쫓기는 신세가 되었습니다. 사울을 피해 블레셋으로 도망했다가 미친 척하고 겨우 살아나기도 했고, 엔게디 광야에서 짐승처럼 굴속에 숨어 살기도 했습니다. 다윗은 이렇게 오랜 세월 사망의 골짜기를 다니는 것 같은 시절을 보냈습니다. 그러나 그는 해 받을 것을 두려워하지 않았다고 했습니다. "주께서 나와 함께하심이라." 그렇습니다. 하나님이 늘 함께하시며 자신을 지켜주신다고 믿었기 때문입니다.

다윗은 "여호와는 나의 목자시니"라고 고백할 때 자신이 목자로서 양 치던 시절을 생각했을 것입니다. 이스라엘 땅에서 목자들이 양을 치려면 푸른 초장을 찾아 높은 산과 낮은 골짜기를 오르내려야 합니다. 그러다보면 사납게 흐르는 강물과 굴러떨어지는 바위와 독풀과 맹수의 습격과 추위와 산사태 등의 위험이 따릅니다. 양 떼들은 죽음의 위험에 처하고 그야말로 사망의 음침한 골짜기를 지나게 됩니다. 그러나 충성된 목자는 양 떼 곁에서 밤낮으로 양들을 정성껏 보살핍니다. 다윗은 자신이 그렇게 했기 때문에 하나님도 자신을 그렇게 인도하고 보호하실 것을 믿었습니다. 비록 죽을 것 같은 두려운 상황에 있을지라도 자신의 목자이신 하나님이 자기를 분명히 지켜주실 거라고 믿었다는 말입니다.

임마누엘이신가?

영국의 종교개혁자 존 웨슬리 목사는 아버지도 목사였고, 옥스퍼드대학에서 '홀리 클럽'이라는 경건 단체를 만들어 성경공부도 열심히 하고, 금식과 구제에도 힘썼습니다. 그는 미국의 인디언에게 복음을 전하고자 미국에 선교를 갈 정도로 믿음이 좋았습니다. 그런데 영국으로 돌아오는 배에서 큰 풍랑을 만났을 때 그 순간 죽음의 공포에 사로잡혔습니다. 그때 한구석에서 하나님을 예배하고 찬송하는 소리가 들렸습니다. 모라비안 교도들은 두려워하지 않고 평안하게 찬송을 드리고 있었습니다. 웨슬리 목사님은 그 모습에 충격을 받았습니다. '저들의 믿음은 나의 믿음과 어떻게 다른가?' 생각했습니다. 웨슬리 목사님은 죽음 앞에서 비로소 자기 믿음의 실체를 보았던 것입니다.

우리 믿음의 실상은 죽음 앞에서 그대로 드러납니다. 예수님을 믿으면 죽음도 두렵지 않다는 말입니다. 우리가 고통당할 때 누군가 옆에 있으면 그 고통을 견디기가 훨씬 쉽습니다. 그래서 교회에서 공동체로 모이는 것입니다. 특별새벽기도회를 하는 것도 그렇습니다. 모여서 기도하면 힘이 납니다. 우리 중에 죽음의 위기에 있는 사람들이 많습니다. 그때 교인들이 기도의 힘을 모아주면 살아납니다. 함께 기도하는 사람이 있으면 기도할 힘이 생깁니다. 새벽에 졸린 눈을 비비며 '새벽기도를 가야 하나, 말아야 하나?' 갈등하며 교회에 왔다가도 함께 기도하는 사람이 많은 것을 보면 그때부터 우리의 영혼은 소생합니다. 함께 기도해주는 것 자체가 중요한 섬김입니다.

누군가 함께 있어주는 것만으로 고통을 이길 힘이 된다면, 예수님이 함께하시는 것은 얼마나 큰 위로와 힘이 되겠습니까? 그것이 바로 2천 년 전 하나님께서 육신을 입고 사람으로 이 땅에 오신 이유입니다. 하나님께서 우리와 함께하심을 분명하게 보여주시려고 예수님이 우리 가운데 오셨습니다. 그분의 이름은 '구원자 예수'이실 뿐 아니라 "하나님이 우리와 함께하시다"라는 뜻의 '임마누엘'이십니다. 예수님은 지금도 우리와 함께하시면서 우리의 선한 목자가 되셔서 우리를 인도하시고 보호하십니다. 우리가 그 예수님을 알고 믿으면 두려울 일이 없어집니다. 문제를 이길 능력이 생겼기 때문입니다.

영원히 동행해주시는 성령님

예수님이 우리와 함께하시는 것을 어떻게 알 수 있습니까? 다윗은 "…주의 지팡이와 막대기가 나를 안위하시나이다"(시 23:4)라고 고백했습니다. 지팡이는 목자가 양을 인도할 때 쓰는 도구입니다. 양이 곁길로 가면 지팡이로 양의 목을 걸어서 길을 바로잡아줍니다. 새로 생긴 길, 좁은 길로 양 떼를 몰고 갈 때, 새끼 양들을 어미 양에게 몰고 갈 때, 가파른 낭떠러지나 강물이나 깊은 구덩이에서 양을 건져낼 때 지팡이를 사용합니다. 막대기는 양과 목자 자신을 보호하는 호신용입니다. 목자는 막대기로 이리, 표범, 들개와 같은 약탈자를 쫓아버립니다. 그래서 양들은 목자의 손에 지팡이와 막대기가 있으면 안심합니다.

예수님은 우리와 함께하시고 우리의 선한 목자가 되십니다. 예수님이 우리를 돌보실 때도 지팡이와 막대기를 사용하십니다. 지팡이와 막대기로 우리를 안위해주십니다. 예수님의 지팡이와 막대기가 바로 우리 가운데 오신 성령님이십니다. 주님은 그렇게 약속하셨습니다.

내가 아버지께 구하겠으니 그가 또 다른 보혜사를 너희에게 주사 영원토록 너희와 함께 있게 하리니 그는 진리의 영이라 세상은 능히 그를 받지 못하나니 이는 그를 보지도 못하고 알지도 못함이라 그러나 너희는 그를 아나니 그는 너희와 함께 거하심이요 또 너희 속에 계시겠음이라 내가 너희를 고아와 같이 버려두지 아니하고 너희에게로 오리라

요 14:16-18

주님은 우리에게 성령 하나님이 우리 안에 오셔서 우리와 영원히 동행해주시겠다고 약속하셨습니다. 그것이 우리 가운데 이루어

졌습니다. 우리가 교회에 가고 예수를 믿는 것은 성령님이 우리 안에서 우리를 인도하시기 때문입니다. 그 사실을 알면 두려울 일이 없어집니다. 우리 앞에 놓인 문제가 어려워도 문제가 어려워서 무너지는 법은 없습니다. 두려워하니까 무너지는 것입니다. 문제가 어려워도 감당할 능력이 있습니다. 우리의 능력이 문제보다 더 큽니다. 왜냐하면 우리 안에 성령 하나님이 와 계시고, 예수님이 우리의 선한 목자이시기 때문입니다.

그러나 진리의 성령이 오시면 그가 너희를 모든 진리 가운데로 인도하시리니 그가 스스로 말하지 않고 오직 들은 것을 말하며 장래 일을 너희에게 알리시리라 요 16:13

성령님이 우리 가운데 오셔서 예수님이 우리와 함께하심을 분명하게 보여주시고 주의 말씀을 들려주시겠다는 것입니다. 예수님이 직접 말씀해주시고 계속 확인해주시겠다는 것입니다. 마귀가 우리를 넘어뜨리려고 하지만 예수님이 우리를 지켜주겠다고 하셨습니다.

하나님께로부터 난 자는 다 범죄하지 아니하는 줄을 우리가 아노라 하나님께로부터 나신 자가 그를 지키시매 악한 자가 그를 만지지도 못하느니라 요일 5:18

이 말씀은 우리 모두에게 주신 말씀입니다. 전에는 마귀가 저를 수시로 사로잡고 시험하고 넘어뜨렸습니다. 그 때문에 너무 괴롭고 힘들어서 목사를 그만두고 싶을 때도 있었습니다. 제가 '주의 종'이 아니라 '죄의 종'이라고 느꼈던 때가 있습니다. 그런데 지금은 마귀가 저를 함부로 건드리지 못한다는 것을 느낍니다. 마귀가 저를 넘어뜨리려고 주위를 맴돌고 있지만, 함부로 건드리지 못합니다. 저와 함께하시는 분이 저를 지키고 계시기 때문입니다.

여러 가지 죄의 유혹이나 마귀의 시험에 속절없이 무너지고 있습니까? 성령님이 우리에게 오셔서 예수님의 지팡이와 막대기 역할을 하십니다. 참 놀랍지요? 여러분도 똑같은 경험을 하게 되실 것입니다.

이지선 자매와 함께하신 성령님

오래전 한국에서 열린 코스타에서 이지선 자매(현재 한동대 교수, 집사)의 간증이 청년들에게 많은 은혜를 끼쳤습니다. 이지선 자매는 수많은 청년들 앞에서 담담히, 때로는 유머러스하게 자신의 삶 가운데 주님이 하신 일들을 고백했습니다. 지선 자매를 보면서 많은 청년들이 울고 웃으며 은혜를 받았습니다. 지선 자매는 화상을 입고 치료하는 과정에서 "사망의 음침한 골짜기를 지났다"라고 고백했습니다. 그가 화상 치료를 받을 때 이야기를 하면서 '차라리 죽는 게 낫겠다'는 생각을 여러 번 했다는데, '정말 그랬겠구나!' 하고 공감이 되었습니다.

한번은 지선 자매뿐 아니라 온 가족이 큰 절망에 빠져 있을 때 어머니(선한목자교회 원로장로)가 "지금 어렵지만 하루 한 가지라도 감사하자"라고 제안하시더랍니다. 그런 상황에서 무슨 감사할 것이 있겠나 싶었지만 생각해보니 정말 그때도 감사할 것이 있었다고 합니다. 사고 후 혼자서 화장실에 가게 되었을 때, 자기 손으로 밥을 먹을 수 있게 되었을 때 등등 감사할 일이 계속 있더랍니다. 그래서 일어날 수 있었다고 합니다. 절망의 순간에도 찾아보면 감사할 것이 너무 많았습니다. 손가락 끝부분을 절단하는 수술을 받을 때는 정말 참다못해 엉엉 울었는데, 그 순간 '너는 살아 있잖아' 하는 생각이 들더랍니다. 주님이 부어주신 그 생각으로 다시 일어났다고 합니다.

어느 정도 몸이 회복된 어느 날 교회에 가서 기도하는데, 몸은 좀 나아졌지만 앞으로 어떻게 살아야 할지 막막하고 삶에 소망이 없었습니다. '주님, 왜 저를 살려주셨나요? 저를 향한 계획이 무엇인가요?'라고 간절히 기도했지만, 아무 답이 없어 실망했답니다. 그런데 다음 날 주일예배 시간에 목사님이 오셔서 기도하시는데 "사랑하는 딸아"라고 부르셔서 주님이 목사님의 기도를 통해 답하셨음을 알았다고 했습니다. 그리고 계속 기도하시기를 "내가 너를 세상 가운데 다시 세울 것이고, 병들고 약한 자에게 희망이 되게 하리라"라는 엄청난 약속을 주셨다고 합니다. 전날의 기도 응답이 었습니다. 다시 마음이 새로워지고, 집에 돌아가서 거울을 보는 용

시편 23편

기가 생겼습니다. 그날 거울을 보며 "안녕 지선아! 이 얼굴이 내 얼굴이구나!" 그 때부터 화상 입은 자신의 얼굴을 사랑하게 되었다고 합니다. 힘들 때마다 마음에 주님의 음성을 들으며 감격하여 믿음을 회복하였고, 죽을 것처럼 힘들었지만 음침한 사망의 골짜기를 지나가더라도 두려움이 없어지는 이 은혜의 역사가 여러분에게도 있기를 축복합니다.

죽음도 마다않는 사명의 길

그러나 주님이 목자가 된 사람에게는 죽음의 골짜기를 지나가는 것 같을 때 두려움이 없어지는 정도가 아니라 오히려 죽음의 길을 자원하여 가는 결단의 용기도 생깁니다. 꼭 그 길로 가지 않아도 되는데 스스로 그 길을 가고 싶은 마음이 생깁니다. 이것은 놀라운 일입니다. 견딜 수 없이 괴로워도 사명의 길을 가겠다는 역사가 일어납니다.

오래전 타지키스탄의 수도 두샨베에 있는 현지인 교회에 집회를 인도하러 갔습니다. 선교사님이 현지인들을 전도하여 세운 교회가 부흥했는데, 이슬람 신학생들이 예배드리러 온 교인처럼 들어왔다가 폭탄을 터트렸습니다. 예배 중에 폭탄이 터졌기 때문에 사람들이 비명을 지르면서 바깥으로 나가려고 하는데 또 폭탄이 터져서 백여 명의 사상자가 나왔습니다. 선교사님은 도무지 수습할 힘도, 전도할 힘도 없어졌습니다. 그래서 저에게 부흥회를 해달라고 연락해왔습니다.

저는 선교사님의 간절한 부탁으로 교인들을 위로하고 새 힘을 불어넣어주기 위해 그곳으로 갔습니다. 그때 한 장로님이 저와 동행하셨습니다. 그리고 선교여행을 무사히 잘 마치고 돌아왔습니다. 선교여행 중에도 여러 가지로 감사했지만 저는 돌아와서 큰 충격을 받았습니다. 폭탄 테러가 있을지도 모르는 그곳에 장로님이 저를 대신해서 죽으려고 함께 가셨다는 것을 알았기 때문입니다. 저는 그 이야기를 듣고 많이 울었습니다. '내가 그럴 만한 사람인가? 그럴 만한 가치가 있는가?' 하는 생각도 들었습니다. 장로님은 주(主)의 일이라고 생각하니까 그러셨을 것입니다.

사람들이 다 죽음을 두려워하기만 하는 것은 아닙니다. 일부러 죽음을 향해 가는 사람도 있습니다. 예수님께서 사망의 음침한 골짜기로 가시면 "주님, 저도 갑니다" 하고 따라나서는 것입니다. 이것이 순교자들의 신앙이었습니다. 그러나 고난의 길, 순교의 길은 우리의 결단으로는 가지 못합니다. '예수님이 우리를 위해 죽으셨는데 그 정도도 못 할까?' 하는 마음으로 되는 일이 아닙니다. 오직 나와 함께하시는 주님을 알고 사랑해야 가게 됩니다.

성도가 죽음이 두렵지 않은 것은 함께 계시는 예수님을 아니까, 그 주님을 사랑하니까 그런 것입니다. 예수님께서 십자가 지러 가실 때, 제자들도 두려워서 감히 따라가지 못하고, 도망가고 부인하였습니다. 그러나 성령을 받고 난 다음 그들은 십자가의 길을 찬송하며 갔습니다. 임마누엘 하신 예수님을 알았기 때문입니다. 성도가 두렵지 않은 것은 사람이 통이 커서 그런 것이 아니라 임마누엘 하신 예수님을 알고 사랑하기 때문입니다.

한번은 성경 영화 중에 아브라함이 아들 이삭을 번제로 바치는 장면을 보고 감동했습니다. 아마 감독이 작가적인 상상력을 발휘했던 것으로 보입니다.

"아들아, 내가 너를 사랑하는지 아느냐?"

"네, 압니다."

"너를 얼마나 사랑하는 것 같으냐?"

"아버지 목숨보다 저를 더 사랑하는 줄 압니다."

"그렇다. 그러면 이제 내가 너에게 무엇을 하든지 다 너를 사랑해서 하는 거라고 믿을 수 있겠느냐?"

"네, 물론입니다."

"좋다. 그럼 이 번제단 위에 누워라."

이삭은 순종하여 번제단 위에 누웠습니다. 아브라함이 칼을 들고 내리칠 때도 이삭은 가만히 있었습니다. 그 부분을 보는데 '저런 게 사랑에 근거한 믿음이구나' 싶어 눈물이 났습니다. 이삭은 아버지가 자신을 사랑하는 것을 믿었고, 그런 아버지가 자신을 죽이려 하자 가만히 있었습니다. 이런 믿음이 있을 때 죽음의 길로 가는 사명이라도 마다하지 않게 되는 것입니다. 우리에게도 주님을 향한 사랑과 믿음이 있으면 그 길을 가게 됩니다.

순교가 겁이 나는 분들이 계실 것입니다. '예수 믿고 죽으라고 하면 어떻게 해야 할까?' 우리 안에 계시는 성령께서 그 능력을 주십니다. 죽음도 두렵지 않은 능력을 주십니다. 예수님이 나의 목자시니 이제 죽음도 두렵지 않다는 고백이 안 되는 분들이 계십니까? 그것 때문에 실망하고 좌절하지 마십시오. 부끄러워하지도 마십시오. 오히려 기대하시기 바랍니다. 예수님을 믿으면 죽음도 두렵지 않은 담대함이 생기는 것에 감사하고 기도하시기 바랍니다.

시편 23편 4절은 우리를 부끄럽게 하는 말씀이 아니라 기대하게 해줍니다. 예수를 믿으면 사망의 골짜기를 지나갈지라도 해 받을 것을 두려워하지 않는 믿음의 역사가 일어나게 됩니다. 아직 그런 믿음이 아니라면 이제 그렇게 해주신다는 것입니다. 아직은 죽음이 두렵고 순교는 생각하기 싫어도 주님이 여러분에게도 그런 믿음을 주신다는 것입니다. 하나님께 그런 믿음을 달라고 구해보십시오. "주님, 어떤 어려움이 와도 두려워하지 않는 그 믿음을 저에게도 주세요!"

죽음을 통과하는 은혜

2001년, 제 아내가 암에 걸린 것을 알게 되었습니다. 그 소식을 들은 순간 땅이 꺼지는 듯한 두려움이 밀려왔습니다. 그 시간 부흥회 저녁 집회를 앞두고 있었는데, 도저히 설교할 자신이 없었습니다. 그래서 하나님께 기도했습니다. "하나님, 도무지 설교할 자신이 없습니다. 제가 어떻게 해야 합니까?" 그러자 곧 답을 주셨는데 지금도 또렷이 기억납니다. "너는 이미 죽었다고 고백했으면서 죽는 것이 왜 두려우냐? 오늘 저녁 집회에 나오는 성도들이 너와 같은 처지에서 나오는 것을 알지 못하느냐?" 그제야 저녁 집회에 올 성도들의 심정이 느껴졌습니다. 그래서 그들이 그날 저녁 집회에서 죽음도 이기는 믿음을 얻게 해달라고 기도했습니다. 하나님은 정말 놀랍게 그날 집회에 역사해주셨습니다. 그리고 제 아내도 죽음의 두려움을 이겨냈습니다.

제 아내의 간증입니다. "수술 날을 받아놓고 기도하는데 기도하고 나면 평안해졌다가도 갑자기 두려움이 몰려왔습니다. 두려움이 자연스러운 게 아니라 영적인 문제임을 알았습니다. 이렇게는 안 되겠다 싶어서 수술을 앞두고 주님께 기도했습니다. '더는 살려달라고 하지 않겠습니다. 주님, 죽어도 좋겠습니다. 주님 뜻대로 하십시오.' 그러자 살려달라고 할 때는 누릴 수 없던 평안이 밀려왔습니다. 사탄이 죽음에 대한 두려움으로 역사했는데, 제가 그 두려움을 놓으니까 더는 붙잡을 것이 없어진 것입니다. 비로소 제가 죽음을 통과하게 된 것입니다. 죽을까봐 걱정할 때는 놓을 수 없던 줄이 죽어도 좋다는 마음으로 옮겨지니까 자유하게 되었습니다."

성령님께 도움을 구하면 누구나 죽음의 두려움을 이길 믿음을 얻게 됩니다. 죽음의 골짜기를 지나는 경험을 통해 주님은 저와 제 아내에게 죽음을 통과하는 은혜를 주셨습니다.

2011년 국내 최대 규모의 카지노가 있는 강원도 사북 지역으로 청소년들이 여름 수련회를 갔습니다. 카지노 앞에서 발 씻기 전도를 하기로 하고 준비를 하던 중 한 아이가 "목사님, 두려워요. 다들 마음이 두렵습니다. 짧게라도 기도해주실 수 없을까요?"라고 요청해왔습니다. 그 아이를 붙들고 기도하는데 다른 아이들이 몰려왔습니다. 아이들의 손을 잡고 기도하는데 눈물이 터져 나왔습니다. '아이들이 왜 이런 곳까지 와서 전도하는 거지?' 하는 애통함이 밀려왔습니다. 아이들도 눈물을 흘렸습니다. 주님께 그 아이들을 맡겼습니다. 기도를 마치자 "목사님, 이제 두렵지 않아요"라고 말하며 웃는 얼굴로 전도하러 가는 아이들을 보면서 또다시 울었습니다. 그리고 정말 놀라운 전도의 역사를 경험했습니다.

여러분, 성령의 도우심을 구하십시오. 지금 여러분 중에 사망의 음침한 골짜기를 지나가시는 분들이 있을 것입니다. 눈물의 골짜기, 외로움의 골짜기, 실패와 좌절의 골짜기를 지나는 분도 있을 것입니다. 부모를 잃으면 아이는 절망입니다. 이때 아이의 문제를 해결할 수 있는 것은 오직 하나 부모를 만나는 것입니다. 우리 인생의 모든 문제는 단 하나의 원인, 살아 계신 하나님, 사랑의 하나님, 우리와 함께하시는 하나님과의 관계가 끊어졌기 때문에 오는 것입니다. .

우리 안에 오신 예수님을 만나셔야 합니다. 그것이 주님이 원하시는 일입니다. 우리가 주님께 구하면 다윗의 고백이 그대로 우리의 고백이 됩니다. "여호와는 나의 목자시니 내가 사망의 음침한 골짜기를 다닐지라도 해 받을 것을 두려워하지 않습니다."

평안을 너희에게 끼치노니 곧 나의 평안을 너희에게 주노라 내가 너희에게 주는 것은 세상이 주는 것과 같지 아니하니라 너희는 마음에 근심하지도 말고 두려워하지도 말라 요 14:27

12

| 시편 23편 5절 |

내 잔이
넘치나이다

시편 23편을 한 절씩 강해하면서 그동안 시편 23편을 잘 몰랐다는 것을 깨달았습니다. 시편 23편은 1절이 가장 중요한 줄 알았습니다. "여호와는 나의 목자시니 내게 부족함이 없으리로다." 이것도 너무나 귀하고 대단한 고백입니다. 이 한 절만 알면 다 아는 줄 알았습니다. 사실 '예수님이 나의 목자시니까 나는 부족한 것이 없다'는 믿음 하나 분명히 하기도 어렵기 때문입니다.

그런데 한 절 한 절 강해하면서 1절보다 2절이, 2절보다 3절을 통해 점점 더 깊은 은혜로 들어가게 되었습니다. 1절에서는 부족함이 없는 정도인데, 5절에서는 흘러넘칩니다. 훨씬 더 충만한 상태입니다. 이것이 예수님을 믿는 자의 고백이요 축복입니다. 예수님 안에서 모든 성도가 누리게 될 하나님의 약속입니다.

예수님은 "나를 믿는 자는 성경에 이름과 같이 그 배에서 생수의 강이 흘러나오리라"(요 7:38)라고 말씀하셨습니다. 예수님을 믿으면 믿는 자 속에서 생수의 강이 흘러나오는 것이 하나님의 계획이라는 말입니다. 다윗이 고백한 "내 잔이 넘치나이다"와 똑같은 의미입니다. 주님께서 이 다윗의 고백이 여러분의 고백이 되게 하

실 것입니다. 말씀과 성령의 도우심을 따라 그 은혜에 들어가시길
바랍니다.

나의 잔이 넘치나이다

> 주께서 내 원수의 목전에서 내게 상을 차려 주시고 기름을 내 머리에
> 부으셨으니 내 잔이 넘치나이다 시 23:5

'상을 차려주신다'는 것은 "하나님이 잔치를 베풀어주신다"는
뜻입니다. '기름을 머리에 부으셨다'는 것은 고대 근동의 풍습인
데, 집에 귀한 손님이 오면 주인이 입구에 서서 손님의 머리에 기
름을 발라 정중하게 맞았습니다.

예수님이 바리새인 시몬의 집에 가셨을 때 그 동네에서 손가락
질받던 여인이 향유 옥합을 가져와 예수님의 발에 향유를 부었고,
속으로 예수님을 판단하던 시몬에게 예수님은 "너는 내 머리에 감
람유도 붓지 아니하였다"(눅 7:46)라고 지적하신 적이 있습니다. 그
말은 시몬이 예수님을 초청하기는 했지만 손님 대접을 하지 않았
다는 뜻입니다. "내 잔이 넘치나이다"라는 표현은 주인이 손님의
잔에 포도주를 넘치도록 따라준다는 말인데, 아쉬움이 없는 풍성
한 접대를 뜻하는 것입니다. 하나님이 나에게 상을 차려주시고 내
머리에 기름을 부으셨다는 말은 그분께서 나를 극진히 대접해주셨

다는 뜻입니다. 하나님을 목자 삼고 사는 자는 하나님께서 이렇게 복을 주신다는 것입니다.

그런데 그 앞에 '원수의 목전에서'라는 말이 무슨 뜻인지 아리송합니다. 한번 상상해보십시오. 전쟁에서 승리하여 적장을 사로잡았습니다. 적국의 왕을 포로로 잡아 고국에 돌아와 무릎을 꿇리고 그 앞에서 승전 잔치를 벌입니다. 그림이 대략 그려집니까? 지금 다윗은 하나님이 놀라운 복을 부어주신다고 고백하는 것입니다. 실제로 다윗은 원수의 목전에서 하나님이 상을 베풀어주시는 경험을 했습니다.

사무엘상 24장, 26장을 보면 다윗이 자신을 죽이려고 광야까지 쫓아온 사울 왕을 두 번이나 살려준 일이 있었습니다. 한번은 다윗이 굴속에 숨어 있었는데, 사울 왕이 하필 다윗과 그 부하들이 숨은 굴속으로 용변을 보러 들어왔을 때입니다. 다윗의 부하들이 지금이 기회라고 사울을 죽이자고 했을 때 다윗은 사울이 비록 악한 왕이지만 하나님이 기름 부었으니 죽일 수 없다며 옷자락만 벱니다. 사울이 그 사실을 모르고 나가자 다윗이 큰 소리로 "내 주 왕이여"라고 사울 왕을 부릅니다.

내 아버지여 보소서 내 손에 있는 왕의 옷자락을 보소서 내가 왕을 죽이지 아니하고 겉옷 자락만 베었은즉 내 손에 악이나 죄과가 없는 줄을 오늘 아실지니이다 삼상 24:11

그때 사울 왕이 깜짝 놀라서 이렇게 말합니다.

나는 너를 학대하되 너는 나를 선대하니 너는 나보다 의롭도다… 보라 나는 네가 반드시 왕이 될 것을 알고 이스라엘 나라가 네 손에 견고히 설 것을 아노니 삼상 24:17-20

사울 왕이 다윗에게 "네가 나보다 낫다. 너는 반드시 왕이 될 것이다"라고 고백합니다. 이런 일이 26장에 한 번 더 나옵니다. 얼마나 통쾌한 순간입니까? 다윗의 원수 사울 왕을 죽인 것보다 사울 왕의 입으로 다윗이 왕이 될 것이라고 말하게 하는 것이 훨씬 놀라운 승리가 아니겠습니까? 5절 말씀처럼 하나님께서 원수의 목전에서 잔치를 베풀어주시고 머리에 기름을 부어주신 것 아닙니까? 그때 다윗은 "내 잔이 넘치나이다"라고 고백했을 것입니다. 하나님께서 저와 여러분에게도 이와 같은 말씀이 이루어지게 해주시기를 축복합니다. 그렇게 살아야 예수님을 바로 믿는 것입니다. 이것은 다윗에게만 일어나는 일이 아닙니다. 예수님을 믿는 우리 모두에게 주신 하나님의 축복입니다.

잔치가 준비되었다!

하나님께서 천국 잔치를 준비해놓으셨습니다. 우리는 다윗의 고백과 같은 잔치를 다 경험하게 됩니다. 원수의 목전에서 하나님이 내게 상을 차려주시고 내 머리에 기름을 부으시고 내 잔이 넘치는 황홀한 천국 잔치를 다 약속받았습니다. 다윗도 이 고백을 하면서 여호와 하나님의 집에서 영원히 누릴 천국 잔치를 생각했습니다.

6절 말씀을 보면 다윗이 영생에 눈이 뜨인 사람임을 알 수 있습니다.

> 내 평생에 선하심과 인자하심이 반드시 나를 따르리니 내가 여호와의 집에 영원히 살리로다 시 23:6

다윗은 이 세상에서 잘되는 것보다 하나님의 집에서 영원히 잘 사는 것을 더 사모했습니다. 그래서 다윗이 사울 왕을 죽이지 않은 것입니다. 하나님이 기름 부은 왕을 죽여서 왕이 된다면 무엇이 유익하겠습니까. 조금 일찍 왕이 될 수는 있겠지만 그것은 다윗의 기쁨이 아니었습니다. 다윗은 사울 왕을 살려주어서 왕이 되지 못한다 해도 상관이 없었습니다. 다윗은 하나님의 잔치에 초대받았고, 그는 하나님의 집에서 영원히 누릴 천국 잔치를 꿈꾸었습니다. 그래서 다윗은 하나님의 뜻대로 하고 싶었던 것입니다. 작은 것 하나도 하나님이 싫어하시는 것은 하기 싫었습니다. 세상에서 잘되는 것보다 천국에서 잘되는 것을 원했기 때문입니다. 그 둘은 비교가 안 됩니다. 다윗은 하나님 뜻대로만 하고 싶었습니다.

천국 잔치를 믿는 사람은 이 세상에서 사는 것이 다릅니다. 내가 하나님나라에서 천국 잔치를 받을 사람이라면 이 세상에 사는

시편 23편

동안 세상 사람들이 사는 것처럼 살 이유가 없습니다. 그래서 천국 소망을 가지고 사는 사람을 구분할 수 있습니다. 그런 사람은 이 세상을 마음대로 안 삽니다. 영생의 축복을 믿는 사람은 세상 사는 동안 죄짓고 살 이유가 없고, 욕심 부리고 살 이유도 없습니다. 자기 마음대로 살고 싶지도 않습니다. 오직 예수님만 죽어라고 붙잡고 사는 것입니다. 하나님 말씀대로만 가는 것입니다. 성공의 길보다 의의 길로 가기를 좋아합니다. 천국 잔치를 정말 믿는 사람은 그렇습니다. 천국에 가서야 "내 잔이 넘치나이다"라고 하는 것이 아니라 여기서부터 "내 잔이 넘치나이다" 하며 삽니다.

에녹은 평생 하나님과 동행하다가 죽지 않고 하나님 앞에 들려 올라갔습니다.

에녹이 하나님과 동행하더니 하나님이 그를 데려가시므로 세상에 있지 아니하였더라 창 5:24

에녹이 죽지 않고 바로 하나님나라에 간 것만 다르지, 에녹이나 우리나 똑같습니다. 이 세상에서 하나님과 동행하다가 하나님나라에서 영원히 하나님과 사는 것입니다. 이 세상에서 세상 사람처럼 살다가 죽고 난 다음에 하나님과 사는 법은 없습니다. 여러분이 천국 잔치에 초대된 사람이라면 이 땅에서 하나님과 동행하며 살아갑니다. 다윗이 "내 잔이 넘치나이다"라고 고백했듯이 여러분이 지금 그런 고백을 할 수 있는지 돌아보아야 합니다. 만약에 이런 고백이 안 된다면 천국 잔치에 들어갈 수 없습니다.

환경과 여건에 따라 마음이 좋았다 힘들었다 한다면 우리의 신앙을 점검해볼 일입니다. 우리가 영향받을 곳은 이 세상이 아닙니다. 우리의 형편이 아닙니다. 하나님나라에서 누릴 잔치가 준비되어 있으니 지금 힘들고 어려워도 "내 잔이 넘친다"는 고백이 나와야 천국을 소유한 것입니다.

천국을 소유한 기쁨

예수님은 천국 소망을 가진 사람이 기쁨 충만한 삶을 산다고 말씀하셨습니다.

> 천국은 마치 밭에 감추인 보화와 같으니 사람이 이를 발견한 후 숨겨두고 기뻐하며 돌아가서 자기의 소유를 다 팔아 그 밭을 사느니라
>
> 마 13:44

저는 천국을 믿는다고 하면서도 보화를 발견한 농부와 같이 기쁜 것은 몰랐습니다. 제가 가진 소망은 소망이 아니었던 것입니다. 천국 잔치에 참여하는 자가 된 은혜가 보화처럼 느껴져야 진짜 소망입니다. 그것을 깨닫고 정신이 번쩍 들었습니다. 이후 예수님을 인격적으로 만나고 주님과 동행하면서 비로소 천국 소망 때문에 기쁨이 충만한 것을 깨달았습니다. 나의 형편과 처지에 상관없이

시편 23편

기쁜 삶이었습니다. 자신에게 천국 잔치가 기다린다는 것을 정말 믿고 산다면 인생 전체가 달라집니다.

예수님을 믿고 사는 것은 금욕생활이 아닙니다. 기쁨이 충만한 삶, 은혜의 생수가 흘러넘치는 삶입니다. 더 이상 세상을 바라보고 목말라 하며 살 이유가 없는 것입니다. 요한복음 4장에 사마리아 수가 성 여인이 예수님을 만나 구원을 얻는 장면이 나옵니다. 이 여인이 동네로 달려가 예수님을 만난 놀라운 감격을 사람들에게 소리쳐 전합니다.

> 여자가 물동이를 버려두고 동네로 들어가서 사람들에게 이르되 내가 행한 모든 일을 내게 말한 사람을 와서 보라 이는 그리스도가 아니냐 하니 그들이 동네에서 나와 예수께로 오더라 요 4:28-30

이 여인은 남편을 다섯이나 바꾼 여자였습니다. 상처를 많이 받고 마음에 독기만 남아 있던 여인이 예수님을 만나고 나서 완전히 변했습니다. 더는 상처 가득하고 독기를 품은 말이 아니라 기쁨의 소리를 외칩니다. 인생의 참된 행복을 발견한 사람의 외침이 바로 "내 잔이 넘치나이다" 하는 외침입니다. 예수님을 만나고 이렇게 변한 것입니다. 인생에 잔이 넘치는 은혜는 형편의 문제가 아니라 예수님을 살아 계신 주님으로 만나고 그분이 나의 목자가 되시는 것에 달려 있습니다. 그래서 주님을 만나고 나면 내 형편이 어떠하든지 "내 잔이 넘치나이다" 하고 고백하게 됩니다.

여러분, 천국을 소유하셨습니까? 천국에 갈 것을 믿으십니까? 그렇다면 다윗처럼 "내 잔이 넘치나이다" 이 고백이 나오십니까? 천국에 가는 것은 믿는데 내 잔은 너무 비어 있고, 넘치기는커녕 부족한 것이 너무 많다면 둘 중 하나는 가짜입니다. 천국에 대한 분명한 믿음이 없든지, 아니면 잔이 넘치는데도 본인이 모르는 것입니다. 아무나 천국 잔치를 누리는 것이 아닙니다. 예수님을 믿고 구원받지 못한 자는 천국이 있음을 알게 되면 기쁜 것이 아니라 두려워집니다. 천국 잔치를 누리며 살려면 예수님이 목자이심을 믿고 죽어라 예수님만 붙잡고 살아야 합니다. 여러분에게 예수님이 나의 목자라는 분명한 고백만 있어야 합니다. 성령께서 다윗의 고백이 자신의 고백이 되는 역사를 이루어주실 줄 믿습니다.

양은 푸른 초장과 잔잔한 시내 때문에 편히 자는 것이 아닙니다. 목자가 옆에 있으니까 푸른 초장과 잔잔한 시냇가에서 자는 것입니다. 만약에 목자가 없다면 아무리 초장이 푸르고 잔잔한 시냇가여도 양은 죽음의 위기에 빠집니다. 그러므로 여러분도 성공과 부유함을 목적으로 삼지 말고 예수님을 죽어라고 붙잡고 살겠다고 결심하십시오. 나의 목자이신 주님이 함께하시면 사망의 음침한 골짜기를 지나가도 두려울 것이 없습니다.

예수님 한 분이면 충분합니다

순회선교단 김용의 선교사님의 딸이 선교지에서 선교 훈련 중에 위중한 병에 걸렸습니다. 그 이야기를 듣고 선교사님이 급히 선교지로 갔는데 손을 쓰기가 어려웠습니다. 당장 고국으로 후송하여 치료를 받아야 하는데 그 상태로 20여 시간을 버틸 수 있을지 장담할 수 없고, 그곳에 두고 오면 치료도 못 받고 죽을지도 모르는 상황이었습니다. 아버지로서 결정을 내리지 못하고 고민하다가 한국으로 데려오기로 하고 떠나는 날 아침, 아버지로서 너무 두려웠다고 합니다. 만약 잘못된 결정이면 딸을 죽이는 것입니다.

그런데 기도하던 중 갑자기 주시는 마음이 있어서 이렇게 기록했다고 합니다.

아빠 손잡고 떠나는 여행
위험하지만 행복한 여행
주님과 함께 가는 여행
안전하고 아름다운 여행

딸의 손을 잡고 딸에게 이 고백을 들려주었고, 아버지이지만 아무것도 해줄 수 없는 부족함, 위험한 여행이지만 주님과 동행하는 자라면 어디든 안전하고 행복한 여행임을 알게 되었다고 하셨습니다. 놀라운 하나님의 응답이었습니다. 주님과 함께라면 죽음의 길을 가도 두렵지 않다고 느꼈습니다. 이후 선교사님의 딸은 한국에서 건강을 회복했습니다. 예수님 한 분이면 충분합니다.

예수님이 나의 목자가 되시면 사망의 길을 가도 두렵지 않습니다. 우리의 목표는 푸른 초장이 아니고 성공이 아닙니다. 예수님 그

분입니다. 여러분이 이 신앙만 분명하다면 언제 어디서나 "내 잔이 넘치나이다"라고 고백하게 됩니다. 그런데 우리가 다윗처럼 "내 잔이 넘치나이다"라는 고백을 하지 못하는 이유가 무엇입니까? 예수님이 목자이신데도 실제로는 목자 없는 양처럼 살기 때문입니다. 목자 없는 양을 부러워하는 마음을 가지고 있기 때문입니다.

한 주 동안 목자 없는 양처럼 살았습니다. 예수님만 죽어라고 붙잡고 따라다니는 것이 아니라 자기가 하고 싶은 대로 다 하고 살았습니다. 마음의 소원은 오직 잘 사는 것, 돈 벌고 성공하는 것이었습니다. 주일이 되어도 목자 없는 양들은 즐겁게 돌아다닙니다. 십일조는 생각에도 없습니다. 그렇게 돈 벌어 쓰다보니 살 만합니다. 그런데 수시로 마음에 공허함과 이유를 알 수 없는 두려움이 일어납니다. 이것이 얼마나 위험한지 모르는 것입니다.

실제로 어떤 교인은 목자만 따라 사는 것이 귀찮고 싫다는 사람이 있습니다. 정말 큰 시험이고 두려운 일입니다. 마귀는 교인들의 귀에 이렇게 속삭입니다. "목자가 있으니까 불편하지? 매여 사는 것 같지? 목자를 떠나서 자유롭게 살아봐. 인생은 재미있는 거야." 정말 무서운 소리입니다. 하와도 선악과를 먹어보라는 마귀의 유혹에 넘어갔고, 가룟 유다도 마귀의 유혹에 넘어가 예수님을 팔았습니다. 그 결과가 어떤 것이었습니까? 얼마나 무섭습니까?

저는 목사가 되고도 한동안 성공을 위해 살았습니다. 목회를 열심히 했습니다. 제 마음의 동기는 성공이었습니다. 목사에게도 성공이 있습니다. 그것이 나쁘다는 생각도 안 했습니다. 교회를 개

척하고 교인이 100명 모이면 300명을 바라보고, 300명이 넘으면 1,000명을 바라보고 목회했습니다. 그러다보니까 뭔가 이룬 것 같아도 항상 불만이었습니다. 마음에 기쁨이 없었습니다. 매사가 스트레스였습니다. 더 큰 교회가 있었기 때문입니다. 성공을 위해 살면 목사도 그렇게 됩니다.

그러나 예수님을 만나서 주님을 바라보는 눈이 열리고 난 다음부터 모든 것이 바뀌었습니다. 나는 죽고 예수로 사는 복음으로 살게 되고, 24시간 예수님을 바라보면서 "내게 부족함이 없으리로다", "내 잔이 넘치나이다"라는 고백이 나오게 되었습니다. 천국이라는 보화를 찾았고, 내가 이미 그것을 소유했음을 알았기 때문입니다.

넘치는 잔을 이미 받은 은혜

독일의 한 작은 마을에서 한 여성이 첫 독주회를 열었습니다. 그리고 "아무개는 리스트의 제자입니다"라고 광고를 붙였습니다. 리스트의 제자가 아니었지만 사람을 모으려고 거짓말을 했습니다. 그런데 공교롭게도 독주회가 열리기 전날 리스트가 그 마을을 방문했습니다. 그녀는 리스트가 마을에 온 것을 알고 찾아가 용서를 구했습니다. "저는 어려운 처지에 피아노를 공부했습니다. 누군가에게 제대로 배운 적은 없지만, 독주회를 열어 주목받고 싶어서 선생님의 귀한 이름을 도용했습니다. 제가 죽을죄를 지었습니다"라고 말하며 우는 여인에게 리스트가 대답했습니다.

"큰 죄를 지었군요. 그러나 사람은 누구나 실수합니다. 그렇게 울지만 말고 이쪽으로 와서 한 곡 연주해보세요." 그 여인이 한 곡을 연주했습니다. 리스트가 듣고는 "이 부분은 이렇게 연주하면 좋겠네요"라고 하며 몇 가지를 지적해주었습니다. 그러고 난 다음 그 여인에게 말했습니다. "저는 분명히 당신을 가르쳤습니다. 이 제 당신은 내 제자라고 말해도 됩니다. 제가 당신을 가르쳤으니까요. 그러니 내일 당당하게 연주하세요. 그리고 마지막에 이렇게 말하세요. '마지막 곡은 제 스승 되시는 리스트 선생께서 해주시겠습니다.' 그러면 제가 한 곡 연주하겠습니다."

이 여인은 연주회 날 "내 잔이 넘치나이다"라는 말의 의미를 온몸으로 느꼈을 것입니다. 망신을 당해도 모자란 순간에 상상할 수 없는 은혜를 입었기 때문입니다. '뭐 그 정도면 내 잔이 넘친다고 할 만하지!'라고 생각하십니까? 그렇다면 저와 여러분은 어떻습니까? 하나님은 독생자를 보내주셨습니다! 예수님은 십자가에서 나 대신 죽으셨습니다. 성령님은 내 마음에 오셨습니다. 지옥 갈 자가 천국 가게 되었습니다. 마귀 자식이 하나님의 자녀가 되었습니다. 그러면 그 여인보다 우리야말로 "내 잔이 넘치나이다"라고 고백할 만하지 않습니까?

주님과 온전히 하나가 되다

정연희 작가의 실명소설 《내 잔이 넘치나이다》(신아출판사)에 맹의 순 전도사가 겪은 이야기가 나옵니다. 6·25 전쟁 때 신학교를 다니던 맹의순 전도사가 피난 중에 북한군 간첩으로 의심을 받아 거제도 포로수용소로 끌려가 정말 기막힌 일을 당했습니다. 어렵사리 구명운동을 벌인 지 2년 만에 맹의순 전도사의 누명이 풀리고 석방 통보를 받았는데, 스스로 석방을 거절하고 친구에게 편지를 보냈습니다.

"나를 이곳에 있도록 허락하신 하나님께 감사할 뿐이라네. 내가 여기 남아 있는 건 결코 희생이 아닐세. 여기 있는 형제 중에서 나 같은 부족한 것이나마 필요로 하는 이들이 적지 않으니 이 얼마나 감사한 일인가?"

그는 수용소에 억울하게 붙잡혀 들어갔다가 그곳에서 인민군, 중공군 포로들을 섬기게 됩니다. 하나님이 자신을 사명지로 보내셨기에 그들을 자신이 돌봐야 할 양들로 여기며 그곳에서 사명을 감당하겠다는 것입니다. 그는 수용소에 남아 중공군 환자들을 돌보다가 27세에 세상을 떠납니다. 다음은 그의 장례예배에서 한 중공군 포로가 읽은 추모사입니다.

"맹의순 선생 영전에 드립니다. 평화의 왕자, 화평의 사도, 인애의 왕, 사랑의 주인이었던 맹의순 선생이 가시다니. 우리는 서로 말이 통하지 않던 이방인들이었습니다. 그가 우리 병동을 찾아오던 초기에 우리는 그를 경멸했고 무시했습니다. 그러나 그의 얼굴은 늘 온화했고 희생과 헌신을 아끼지 않았습니다. 우리를 찾아오는 선생의 한 손에는 성경책이, 다른 한 손에는 물통이 있었습니다. 선생은 움직이지 못하는 환자를 고루 살피고 주물러주면서 간절히 기도했습니다. 우리는 그의 말을 알아들을 수 없었지만, 그의 기도를 듣고 있으면 통증이 가라앉고 목이 타서 잠 못 이루던 육체가 편히 잠들곤 했습니다. 겨울이면 따뜻한 물로, 여름이면 시원한 물로 우리의 얼굴을 씻어주고 손을 닦아주고 때로는 발도 씻겨주었습니다.

선생이 쓰러지던 그 밤, 환자들을 다 씻기고 일어난 선생은 눈물을 흘리며 그 눈물을 닦을 생각도 하지 않고 시편 23편을 중국말로 더듬더듬 읽어주었습니다. 여호와는 나의 목자시니… 내 잔이 넘치나이다. 다 봉독하신 후 높은 곳을 바라보며 다시 한번 말했습니다. "내 잔이 넘치나이다. 내 잔이 넘치나이다." 우리도 그의 얼굴을 바라보며 따라 외웠습니다. "내 잔이 넘치나이다. 내 잔이 넘치나이다." 이 말과 함께 마지막 환자를 씻겨낸 물통과 대야를 들고 일어나시다가 그 자리에 쓰러지셨습니다. 우리는 통곡했습니다. 염치없는 우리가 선생을 돌아가시게 했다고.

우리는 지금 통곡합니다. 그러나 이제 우리는 맹 선생을 만나기 위해서라도 예수 안에 있어야 한다는 것을 깨닫습니다. 그렇습니다. 우리는 이제 버려진 게 아니라는 것을 알고 있습니다. 우리는 맹 선생과 함께 주님 안에 있습니다. 그러나 우리는 통곡합니다. 거제리 포로수용소 중공군 병동의 환자 일동"

참 놀라운 일입니다. "주님, 내 잔이 넘칩니다." 이 고백은 여건이 좋고 부족함이 없을 때 나오는 것이 아닙니다. 주님과 온전히 하나 되는 상황이라면 언제든, 어떤 형편에서도 나옵니다.

주님, 제 잔이 넘칩니다!

교회 홈페이지 게시판에 한 전도사님이 글을 올리셨습니다.

"가족 전도는 먼저 믿은 성도가 예수님을 주님으로 모시고 사랑하며 용서하고 기뻐하면, 믿지 않는 가족들이 그 기쁨에 들어오고 절로 전도가 된다고 하신 목사님의 말씀이 생각납니다. 저에게 마음 따뜻한 가족이 있지만, 가족 전도가 완전히 되지 않은 아픔이 있습니다. 그날 말씀을 들으며 내 아픔에 울었고, 가족 복음화가 이루어지지 않은 성도들의 마음이 느껴져서 또 울었습니다. 기도하는 가운데 주님께서 '보석을 준 나에게 감사하라'고 하셨습니다. 그 이유는 기도 제목이라고 여기던 형제들로 인해 제가 더 많이 기도하고 주님과 더 친밀해질 수 있었기 때문입니다.

그 후 저는 기도 제목이 생길 때면 보석을 선물 받는 기분으로 기도합니다. 오늘 여러 가정에 전화 심방을 했는데 가정마다 기도 제목이 많았습니다. 성도의 기도 제목이 짐으로 여겨지는 것이 아니라 보석을 받는 것과 같은 감사함이 더 컸습니다. 저는 보잘것없지만 기도 제목을 나눠주는 성도가 있어 감사하고, 가난한 자 같으나 많은 보석을 받은 저에게 주님은 참으로 부유한 자임을 말씀하셨습니다."

이것이야말로 "내 잔이 넘치나이다" 하는 고백이 아닙니까?

여러분, 이미 우리는 "내 잔이 넘치나이다"라고 고백할 모든 은혜를 다 받고 있습니다. 모든 사랑을 다 받고 있습니다. 천국의 눈을 열어달라고 기도해보십시오. 천국 잔치가 믿어지면 지금 있는 형편에서 "주님, 충분합니다. 내 잔이 넘칩니다" 그렇게 살게 됩니다. 정말 죽어라고 예수님만 붙잡으세요. 힘들고 어려운 일이 많습니까? 죽어라고 예수님만 붙잡으세요. 주님께서 여러분에게 놀랍게 역사하십니다. 여러분도 똑같은 고백을 하게 해주십니다. "예수님 한 분이면 정말 충분합니다", "주님, 제 잔이 넘칩니다." 이것은 성령의 역사입니다.

13

| 시편 23편 6절 |

지상에서
영원까지

시편 23편의 마지막 구절입니다. 시편 23편은 다음 절로 갈수록 더 은혜롭다고 말씀드린 것처럼 6절 말씀은 시편 23편에서 가장 은혜로운 구절입니다. 그 이유는 우리가 예수님을 믿고 누리는 가장 놀라운 축복을 그대로 보여주기 때문입니다.

내게 선하고 인자하신가?

내 평생에 선하심과 인자하심이 반드시 나를 따르리니… 시 23:6

하나님은 천지를 창조하시고 세상을 심판하시는 분입니다. 하나님 앞에 섰을 때 누구도 두렵지 않을 사람이 없습니다. 그런데 우리가 예수님을 믿고 나면 하나님의 존재 의미가 완전히 달라집니다. 다윗의 고백처럼 하나님이 더는 두렵고 먼 하나님이 아니라 항상 선하고 인자하신 분이 되신다는 것입니다. 다윗은 하나님을 그렇게 믿었습니다. 다윗의 평생에 하나님은 선하고 인자하신 분이었습니다. 이것이 기적입니다. 예수를 믿어야만 이루어지는 기적입니다. 여러분에게도 하나님이 항상 선하고 인자하신 분입니까?

저는 외모가 선하게 생겨서 곤란을 겪을 때가 많았습니다. 어릴 때부터 '착하다'는 말을 많이 들었는데, 착한 일을 많이 해서라기보다는 외모가 선해 보이는 모양입니다. '교회 이름처럼 선한 목사'라는 말을 들을 때면 정말 민망합니다. 제 두 딸에게 "아빠가 무서우냐? 엄마가 무서우냐?"라고 물으면 다들 저라고 대답합니다. 딸에게 무서운 아빠가 어찌 선하고 인자하다고 하겠습니까? 아마 혼자 살았다면 저도 저 자신을 몰랐을 것입니다. 결혼하고 목회를 하면서 저에게도 한 성질이 있음을 알았습니다.

사랑하는 딸에게도 늘 선하고 인자하게 대하기가 어려운데 천지를 지으신 하나님, 완전하신 하나님, 심판주 하나님께서 언제나 저에게 선하고 인자하실 수 있을까요? 믿기지 않는 일입니다. 예수님이 십자가에서 우리를 위해 피 흘려주시고 약속대로 성령 하나님이 우리 안에 오시지 않았다면 알 수 없는 일입니다. 그 은혜를 우리가 받았습니다. 다윗의 고백이 곧 우리의 고백입니다. 내 평생에 선하심과 인자하심이 항상 나를 따른다는 것이 구원받은 성도의 축복이자 기적입니다.

그런데 이런 말씀을 들어도 별로 실감이 안 나는 분들이 있을 것입니다. 하나님의 선하심과 인자하심이 믿기지 않는 것입니다. 이런 분들은 대부분 지금 어려움을 겪고 있는 이들입니다. 이들은 하나님이 정말 선하고 인자하신데, 왜 내 문제를 해결해주시지 않느냐고 항변합니다. 이처럼 자기가 처한 형편과 상황에 따라 하나님을 판단하는 것이 어린아이의 믿음입니다. 다시 말해, 형편이 좋으면 하나님도 좋으신 하나님이시고, 형편이 어려우면 하나님을 원망하고 낙심하고 의심하는 것입니다. 그러니 형편에 따라 하나님이 다르게 믿어진다면 아직 어린아이의 믿음에 불과합니다. 믿음이 자라면 형편에 따라 믿는 것이 아니라 진리에 반응하게 됩니다.

나와 함께하심을 보고 알 수 있다

다윗이 늘 형편이 좋아서 "내 평생에 선하심과 인자하심이 반드시 나를 따르리니"(시 23:6)라고 고백한 것이 아니었습니다. 다윗도 '사망의 음침한 골짜기'를 수없이 지나며 죽을 고비를 여러 번 넘겼습니다(시 23:4). 모든 상황이 좋게 해결되어 하나님의 선하고 인자하심이 증명되는 거라면 다윗은 절대 이렇게 고백할 수 없는 사람이었습니다.

그런데 다윗이 어떻게 그렇게 고백합니까? 다윗은 주님이 자신과 항상 함께하심을 알았기 때문입니다(시 23:4). 다윗은 형편을 보고 하나님의 선하심을 판단한 것이 아니라 하나님이 자신과 함께하시는지를 보고 그분의 선하심을 믿었습니다. 하나님이 함께하시는 것이 분명하다면 죽음의 위협을 당할지라도 두렵지 않습니다. 하나님은 다윗 자신에게 선하고 인자하신 분이기 때문입니다. 하나님이 자신을 떠나지 않으셨다면 다윗은 그것으로 충분합니다.

시편 23편

아주 잘 가고 있는 것입니다. 하나님이 나와 함께 계시는지가 다윗에게는 가장 큰 관심사였습니다.

요셉도 그랬습니다. 요셉이야말로 형편과 처지를 보면 낙심할 만한 사람이었습니다. 구덩이에 빠져 죽을 뻔했고, 애굽의 종으로 팔려 갔고, 억울하게 감옥에도 갔습니다. 그런데도 요셉은 흔들리지 않았습니다. 그는 선하고 인자하신 하나님을 믿었습니다. 요셉은 종으로 팔려 가도 열심히 일했고, 감옥에서도 성실했습니다. 하나님이 자신과 항상 함께하심을 알았기 때문입니다. 요셉뿐만 아니라 주위 사람들도 다 이것을 알았습니다.

여호와께서 요셉과 함께하시므로 그가 형통한 자가 되어 그의 주인 애굽 사람의 집에 있으니 그의 주인이 여호와께서 그와 함께하심을 보며 또 여호와께서 그의 범사에 형통하게 하심을 보았더라 창 39:2-3

요셉이 보디발의 집에 종으로 있을 때도 하나님이 함께하셨습니다. 그 사실을 요셉도 알았고, 그의 주인도 알았습니다. 그러면 충분한 것입니다. 따라서 '하나님이 나에게도 선하고 인자하신 분인가?' 하는 것은 하나님이 여러분과 함께하시는 것을 보고 판단해야 합니다. 하나님이 나와 함께하시는 것이 분명하다면 그분은 나를 정말 사랑하시고 선하게 대하시고 인자하신 것입니다. 아무 걱정할 필요가 없습니다. 어떤 문제나 시험 때문에 낙심할 것도 없습니다. 하나님이 다 알고 계시고 우리와 동행하고 계십니다. 하나님께서 우리에게 성령을 보내주셨습니다. 하나님은 약속을 지키시는 분입니다.

결코 떠나지 않고 버리지 않아!

우리도 하나님을 이렇게 믿어야 합니다. 저와 여러분에게 하나님이 선하고 인자하신 하나님이 되었다는 증거는 '좋은 형편'이 아닙니다. 하나님이 우리에게 오셨고, 평생 함께하신다는 것이 중요합니다.

···내가 세상 끝날까지 너희와 항상 함께 있으리라 마 28:20

···내가 결코 너희를 버리지 아니하고 너희를 떠나지 아니하리라 히 13:5

이 말씀이 우리에게 그대로 이루어진 것을 알아야 합니다. 하나님이 평생 나와 함께하시고 떠나지 않으신다는 증거를 갖고 있습니까? 어느 교인이 세례 간증을 하며 이렇게 고백했습니다.

"성령 하나님이 제 안에 오신 것을 압니다. 저는 예수님이 나의 주님이심을 고백할 수 있습니다. 성령님이 아니면 할 수 없는 일입니다. 그래서 하나님을 내 아버지라고 믿으며 기도합니다."

하나님을 아버지라고 부르십니까? 예수님을 주님으로 믿고 고백하십니까? 말씀을 듣고 찬양을 들을 때 은혜롭다고 느끼십니까? 용서하고 사랑하겠다는 마음이 듭니까? 하나님을 위한 소원이 있습니까? 그렇다면 성령님이 내 마음 안에 계신다는 증거입니다. 환경과 형편은 달라졌을지 몰라도 하나님은 변하지 않으십니다. 하나님은 우리를 외면하지도, 떠나지도, 버리지도 않으십니다. 그래서 주의 선하심과 인자하심이 평생 나를 따른다고 고백할 수 있는 것입니다. 그러므로 나와 함께하시는 주님에 대해 분명히 알아야 합니다.

주의 성령을 거두지 않으시는 은혜

어느 토요일 밤, 세례를 받은 지 일주일 된 청년이 술에 잔뜩 취해서 저를 찾아왔습니다. 그 청년이 괴로워하며 고백했습니다.

"목사님, 저는 예수님을 헛믿었습니다. 제가 세례받은 것도 다 가짜예요. 하나님은 저를 떠나셨어요. 저를 버리셨습니다."

그 청년은 세례를 받고 직장 회식 자리에 안 가겠다고 결심했지만, 그날 어쩔 수 없이 회식에 참석했다가 2차, 3차까지 따라가면서 너무 부끄러운 죄를 지었다는 것입니다. 마음이 무너진 상태로 집에 가는데 교회 옆을 지나게 되었고 깊은 좌절에 빠져 울다가 제 방에 불이 켜져 있는 걸 보고 들어왔다는 것입니다. 저는 그 청년에게 에베소서 4장 30절 말씀을 읽으라고 권했습니다.

하나님의 성령을 근심하게 하지 말라 그 안에서 너희가 구원의 날까지 인치심을 받았느니라 엡 4:30

제가 그 청년에게 말했습니다.

"하나님이 너를 떠나셨다고 말하는데 하나님이 정말 너를 떠나셨다면 오늘 죄지은 일로 왜 이렇게 괴로워하니? 네가 정말 예수님을 믿은 것이 아니고 성령님이 너를 떠났다면 네가 이처럼 괴롭겠니? 다른 사람도 너처럼 괴로워하니? 네가 괴로운 것은 바로 네 안에 계신 성령님께서 근심하고 계신다는 증거잖아."

그러자 그 청년은 성경책을 끌어안고 통곡하며 울었습니다. 그리고 분명한 확신을 회복했습니다. 자신은 하나님을 버린 것 같은 부끄러운 죄를 지었지만, 주님은 자신을 버리지 않으셨다는 것입니다. 청년은 구원의 확신을 잃어버릴 뻔한 그날 그 자리에서 다시 믿음을 회복할 수 있었습니다.

우리는 성령님이 우리 안에 계신 것을 분명히 알아야 합니다. 거기에서 확신이 오는 것입니다. '주님은 다 알고 계시고 나와 함께 하시고 나를 지켜주시는구나!' 주님이 나에게 한결같이 선하고 인자하셔서 주의 성령을 거두지 않으시는 것입니다. 이것이 예수를 믿고 우리가 누리는 놀라운 축복입니다. 이런 은혜를 받고 있다면 우리도 다른 사람을 대할 때, 은혜로워야 합니다.

한때는 교회에서 성찬식을 거행할 때, 죄지은 사람은 성찬을 받지 말라고 할 때가 있었습니다. 얼마의 기간 동안 성찬을 받지 못하도록 하는 징계가 교회 안에 있었습니다. 하지만 그것은 정말 성찬의 은혜를 이해하지 못하는 것이라 생각합니다. 성찬은 주님이 재림해 오실 때까지, 예수님께서 우리의 죄를 사하여주셨다는 것과 우리와 함께하신다는 것을 끊임없이 기억하라는 은혜의 예식입니다. 그러므로 본인이 예수 그리스도를 부인하지 않는 한 죄를 지은 사람에게 진정으로 죄를 회개하고 은혜를 회복하는 기회로 더욱 성찬에 참여하도록 하는 것이 필요합니다. 성찬식에 참여시키지 않는 것을 벌로 생각하는 것은 그만큼 심령이 완악해졌다는 증거일 수 있는 것입니다.

자신이 받은 은혜를 아는 자는 결코 그렇게 할 수 없습니다. 이렇듯 하나님에 대한 믿음이 바뀌고, 그 은혜를 날마다 누리는 사람은 다른 사람을 대할 때 인자하고 선하게 대하게 됩니다. 이 기적이 예수님 안에서 일어나는 것입니다.

돌아갈 영원한 여호와의 집

그런데 다윗은 6절 후반부에서 더 놀라운 축복을 고백하고 있습니다.

…내가 여호와의 집에 영원히 살리로다 시 23:6

6절 앞부분에 나오는 '평생'과 뒷부분에 나오는 '영원'을 주목해 보기 바랍니다. 앞부분은 이 세상에 살 때를 이야기합니다. 이 세상에 살 때 주님은 평생 나와 함께 계셨습니다. 그런데 더 놀라운 기적이 일어납니다. 여호와의 집이 있습니다. 다윗은 여호와의 집, 영원한 천국이 있다는 사실을 분명히 알았습니다. 그리고 자신이 그곳에서 영원히 살 것을 알았습니다. 이 믿음을 가지고 살면 세상 모든 것이 다르게 보이고 판단도 달라집니다. 다른 인생을 살게 됩니다.

이 세상에 사는 동안 하나님이 나에게 선하고 인자하신 하나님이 되신 것도 엄청난 축복인데, 그것이 영원히 계속된다는 것입니다. 이 세상에서는 사망의 음침한 골짜기를 지나갈 때도 있지만 여호와의 집, 천국에서는 사망의 음침한 골짜기를 다닐 일도 없습니다. 오직 하나님의 선하고 인자하심만 영원히 누리는 것입니다.

다윗은 자신에게 '영원히 거할 여호와의 집'이 예비된 것을 분명히 알았습니다. 영원한 하나님나라가 있다는 사실을 진정 믿은 사람과 그렇지 않은 사람은 완전히 다른 삶을 살아갑니다. 다윗은 아들 압살롬이 반란을 일으켰을 때 아들과 싸우지 않고 왕궁과 왕좌를 버리고 조용히 그 자리를 피했습니다. 사독 제사장은 여호와의 법궤를 가지고 다윗 왕을 따라나섰으나 다윗은 그에게 성전으로 돌아가라고 했습니다. 그리고 하나님의 뜻이라면 자신이 왕으로 돌아가게 되리라고 말했습니다. 어떻게 그렇게 할 수 있습니까? 다윗은 영원한 하나님의 집이 있다는 것을 알았기 때문입니다. 그러니 왕좌를 두고 아들과 싸우고 싶지 않았던 것입니다. 다윗이 이 세상에서 왕이 되고 안 되고는 별문제가 아니었습니다. 하나님이 기뻐하시는 뜻대로 되느냐가 문제였습니다.

여러분, '나는 왜 이런 집에서 살아야 하지?' 하며 지긋지긋합니까? 영원한 하나님나라가 분명하게 믿어지면 내가 그렇게 지긋지긋하다고 생각하던 집안, 직장, 환경이 다르게 보일 것입니다. '이것이 하나님이 내게 주신 사명이구나' 하고 사명의 눈이 뜨일 것입니다. '앞으로 내 가정과 직장과 사회를 위해 무얼 해야 할까?' 하고 보는 눈이 달라지면 모든 것이 달라집니다. 억울한 것이 사라지고 사람이 밉지 않습니다.

특별히 교회를 바라보는 눈이 달라집니다. 이 세상에 사는 동안 영원한 하나님의 집을 경험하는 곳이 교회입니다. 교회 안에 여러 가지 시험받을 일이 많고, 때때로 사회적으로 문제가 될 때도 있습니다. 그러나 영원한 하나님나라에 눈이 뜨이고 나면 교회를 사랑하게 됩니다. 여호와의 집이 믿어지면 교회가 새롭게 보입니다. 천국 소망의 눈이 뜨인 사람에게는 성전 문지기가 너무나 황홀한 일입니다. 예배당 청소와 교회 경비 일도 결코 부담이 아니라 너무나 기쁜 일입니다.

주의 궁정에서의 한 날이 다른 곳에서의 천 날보다 나은즉 악인의 장막에 사는 것보다 내 하나님의 성전 문지기로 있는 것이 좋사오니 시 84:10

여러분, 영원한 천국에 눈이 뜨이고 나면 전에는 힘들고 하기 어려웠던 일도 하고 싶어집니다. 주님을 위해 더 어려운 일도 감당하고 싶습니다. 참 놀라운 기적입니다. 다윗이 그 축복을 누리는 것입니다. 다윗은 이미 영원한 하나님나라를 누리고 있습니다.

그러나 우리 중에 여전히 "내가 여호와의 집에 영원히 거하리로다" 하는 고백이 남의 일처럼 들리는 분들이 있을 것입니다. '다윗처럼 하나님의 집에서 사는 기쁨이 왜 내게는 없을까?' 생각할 수 있습니다. 천국은 믿지만 그것 때문에 세상에서 겪는 어떤 어려움도 기쁨으로 변하지 않는 이들이 있습니다. 왜 그렇습니까? 영원한 하나님의 집에 사는 기쁨이 없는 이유는 지금 이 세상에서 예수님과 동행하는 삶을 실제로 살아보지 못했기 때문입니다.

예수님이 인생의 목자가 되셔서 매일 인도하시고 그분과 함께 사는 삶을 살고 있지 못하는 분들은 하나님 앞에 가서 그분과 영원히 산다는 것이 별로 기쁘지 않습니다. 예수님이 왕 되신 삶을 살아보면 누구나 천국을 사모하게 마련입니다. '여기서도 이렇게 좋은데, 천국에서는 얼마나 좋을까?' 그런데 한번 상상해보십시오. 아버지의 이름만 간신히 알고 살다가 나이 들어서 아버지를 만났다면, 반갑기는 하겠지만 친밀함을 느낄 수는 없을 것입니다. 하지만 나면서부터 자라는 모든 과정에서 함께 웃고 함께 울고 사랑하며 살던 아버지, 힘들 때나 즐거울 때나 아버지와 같이 살았던 사람은 아버지와 함께 영원히 사는 것이 기쁩니다. 천국에 가서 하나님을 만나는 것도 이와 같은 것입니다.

죽은 다음에 천국에 갔습니다. 천국에 가면 하나님을 만나게 됩니다. 성경에서 배운 대로 그 하나님을 아버지라고 믿었습니다. 하지만 그동안 하나님과 함께 살아본 적이 없습니다. 그저 하나님이 내 아버지일 거라고 생각하며 가는 천국입니다. 막상 천국에 가보니 감히 하나님을 쳐다보지도 못하고, 고개도 못 들겠습니다. 말한마디도 못 하겠습니다. 이런 천국에서 영원히 산다면 기쁨이 있겠습니까?

그래서 제가 교인들에게 "예수님을 바라보라", "24시간 바라보라", "예수동행일기도 써보라"고 권하는 것입니다. 이 땅에서 주님과 함께 살아본 사람만이 영원한 천국도 가슴 설레며 가고 싶은 것입니다. 그 천국이 있으니까 세상을 견딜 수 있는 것입니다.

그러면 왜 우리에게 주님과 친밀하게 살고 주님이 친밀하게 인도하시는 경험이 없을까요? 주님이 우리에게 기회를 안 주시는 것이 아니라 못 주시는 것입니다. 우리가 주님을 진짜 목자로 믿지 않아서 그렇습니다. 문제가 생기면 주님이 해결해주시기를 기다리지 않고 어려움이 생겨도 주님을 바라보지 않습니다. 자기 방법과 자기 생각으로 해결하려고 발버둥 칩니다. 그것은 목자 없는 양입니다. 예수님이 내 목자임을 믿으면 자신이 문제를 해결하려고 발버둥 치지 않습니다. 양이 할 일은 언제나 목자이신 주님만 바라보는 것입니다. 그러면 주님이 반드시 역사하십니다.

나의 고백, 나의 노래, 나의 간증

언젠가 목회자 기도 모임에 참석했다가 한 목사님의 간증을 듣고 은혜를 받았습니다. 그 목사님이 섬기는 교회에 큰 어려움이 있었습니다. 교회 주변이 재개발될 예정이라고 해서 건축헌금을 하고 융자까지 받아 부지를 구입했고 새 예배당의 설계까지 마쳤는데 얼마 전 개발 계획이 백지화되면서 교회가 빚더미에 앉게 되었고, 그로 인해 마음이 너무 괴로웠습니다. '누가 나를 도와줄 수 있을까?' 그 고민만 하다가 기도회에 참석하고 보니 "예수님만 바라보라"는 말씀이 귀에 전혀 들어오지 않고 막막했다고 합니다.

그런데 기도하던 중에 시장에서 딸을 잃고 헤매다가 울며 헤매는 딸을 찾아 야단치는 자신을 보게 되었다고 합니다. "아빠를 잃어버렸으면 그 자리에 가만히 있어야지, 아빠가 찾아온다고 했잖아! 그렇게 울며불며 돌아다니면 어떡해. 정말 너를 잃어버릴 뻔했잖아!" 마치 주님이 목사님에게 말씀하시는 것 같았습니다. "넌 왜 그렇게 여기저기 돌아다니고 있니? 나만 바라보라고 하지 않았니?" 목사님은 이것을 깨닫고 회개하면서도 비로소 주님만 바라보면 된다는 확신을 얻었다고 했습니다.

아빠를 잃어버린 딸처럼 마음이 불안하고 급하니까 울며불며 여기저기 돌아다니다가 하나님 아버지를 잃어버리고 있었던 것입니다. 주님을 믿고 주님 안에 거하며 주님을 바라보지 않으면 주님이 도와주실 수가 없습니다.

여러분, 시편 23편은 그냥 읽고 넘어가기에 너무나 놀라운 말씀입니다. 이 말씀이 저와 여러분의 고백이 되어야 합니다. 그것이 주님이 원하시는 일입니다. 시편 23편이 나의 고백이자 나의 노래가 되기를 원한다면 "여호와는 나의 목자시니" 이 고백을 실제로 하며 살아야 합니다. 늘 함께하시는 예수님을 정말 믿어야 합니다.

여러분의 삶은 주님이 다 책임지셨습니다. 우리에게 주님이 원하시는 것은 오직 주님만 바라보고 주님만 죽어라고 붙잡고 주님께만 순종하며 가는 것입니다. 주님께 다 맡기는 것입니다. 걱정과 염려를 주님께 완전히 맡기고 사는 것입니다.

사람이 감당할 시험밖에는 너희가 당한 것이 없나니 오직 하나님은 미쁘사 너희가 감당하지 못할 시험 당함을 허락하지 아니하시고 시험당할 즈음에 또한 피할 길을 내사 너희로 능히 감당하게 하시느니라 고전 10:13

우리가 알거니와 하나님을 사랑하는 자 곧 그의 뜻대로 부르심을 입은 자들에게는 모든 것이 합력하여 선을 이루느니라 롬 8:28

목자인 예수님을 죽어라 붙잡고 살면 됩니다! 그러면 6절 말씀처럼 "내 평생에 선하심과 인자하심이 반드시 나를 따르리니 내가 여호와의 집에 영원히 살리로다"라고 노래하며 간증하고 살게 될 것입니다. 여러분의 삶이 시편 23편 말씀대로 그대로 이루어지기를 축복합니다.

14

| 시편 24편 1-10절 |

마음을
활짝 열고
왕을 영접하라

우리가 믿는 하나님은 온 우주 만물을 창조하시고 다스리시는 만왕의 왕이십니다. 하나님에 대해 이런 믿음이 있으면 우리 삶이 달라집니다. 하나님을 믿는 믿음이 우리의 삶을 바꾸는 것입니다. 그런데 그 하나님을 믿으면서도 실제로 삶이 변하지 않는 성도들도 많습니다. 여러분에게 "하나님이 천지를 창조하셨나요?"라고 물으면 다 그렇다고 답할 것입니다. "하나님이 만왕의 왕이심을 믿나요?"라고 물어도 믿는다고 할 것입니다. 그러면서도 그 믿음에 걸맞은 삶을 살지 못하는 이유는 우리의 믿음이 교리를 아는 단계에 머물러 있기 때문입니다. 우리는 하나님이 창조주이고 만왕의 왕이시라고 들었습니다. 그래서 믿는다고 하는 것이지 실제로 만왕의 왕이신 하나님을 인격적으로 만나본 적은 없습니다. 그렇기 때문에 그 믿음이 삶을 바꾸지 못하는 것입니다.

왕이신 하나님을 만나라

시편 24편은 천지를 창조하시고 다스리시는 만왕의 왕 되신 하나님에 대한 다윗의 찬양시입니다. 다윗은 창조주 하나님, 만왕의 하나님을 만난 사람입니다. 다윗은 이렇게 고백합니다.

> 문들아, 너희 머리를 들어라. 영원한 문들아, 활짝 열려라. 영광의 왕께서 들어가신다. 시 24:7, 새번역

다윗은 왕이 임하시는 놀라운 장면을 7절부터 10절까지 노래하고 있습니다. 이것은 문학적인 표현이 아닙니다. 실제로 그런 하나님을 만난 것입니다. 왕이신 하나님을 만나지 않은 사람은 쓸 수 없는 표현입니다. 성경을 그냥 읽어서는 모르지만, 말씀을 묵상하고 또 묵상해보면 다윗은 하나님을 만난 사람이 분명합니다.

성경에는 살아 계신 하나님, 왕이신 하나님을 만나는 장면이 여러 곳 나옵니다. 이사야가 성전에서 하나님을 만나는 장면(사 6장), 스데반 집사가 돌에 맞아 순교할 때 진짜 보좌에 앉으신 하나님을 만났다는 것을 알게 됩니다. 사도 바울이 회심할 때 빛으로 임하신 영광의 주님을 만납니다. '사도 바울이 정말 왕이신 예수님을 만났구나' 하는 것을 그 장면을 읽으며 느끼게 됩니다.

저 역시 시편 24편 설교를 준비하는 내내 왕이신 하나님에 대한 생각으로 꽉찼습니다. 제 마음속에 다윗처럼, 스데반처럼, 이사야처럼 왕이신 하나님을 만났으면 좋겠다는 간절한 갈망이 일어났습니다. 잠을 이루지 못하고 새벽에 일어나 제가 시편 24편을 강해할 때 사람의 귀에만 들리는 설교가 아니라 다윗처럼 영광의 하나님

이시고 왕이신 하나님을 만나는 눈이 열리는 설교를 할 수 있기를, 성령께서 그렇게 역사해주시기를 기도했습니다.

시편 24편을 묵상하면서 하나님이 정말 우리가 하나님을 왕으로 만나기를 원하신다는 사실을 알게 하셨습니다. 이것이 우리에게 약속된 부흥이라는 것입니다. 우리가 믿는 하나님이 어떤 분이고 그 영광이 얼마나 큰지 알 필요가 있습니다. 인격적으로 체험해야 합니다. 왕이신 하나님을 인격적으로 만나면 우리의 삶은 완전히 바뀌게 됩니다. 하나님을 바로 믿으면 우리의 인생이 달라집니다.

모든 것이 다 하나님의 것이다

성경학자들은 시편 24편을 다윗이 하나님의 임재를 상징하는 여호와의 법궤를 예루살렘으로 옮겨올 때 너무 기뻐서 아이처럼 춤추며 불렀던 노래라고 해석합니다. 성경은 그 장면을 이렇게 기록합니다.

> 다윗은 모시로 만든 에봇만을 걸치고, 주님 앞에서 온 힘을 다하여 힘차게 춤을 추었다. 삼하 6:14, 새번역

다윗은 모시 베옷으로 만든 에봇만 입고 하체가 드러날 정도로 춤을 추었습니다. 사람들이 볼 때 다윗의 행동은 비정상적이었고, 미쳤다고 생각될 정도였습니다. 아내 미갈이 비난할 정도입니다.

그러나 그때 다윗은 너무 좋아서 제정신이 아니었던 것입니다. 왕이신 하나님께서 예루살렘 성에 들어오시는 것을 보는 것 같았습니다.

1절에 다윗의 고백도 단순히 교리적인 지식이 아닌 체험에서 나온 고백임을 말해줍니다.

> 땅과 그 안에 가득 찬 것이 모두 다 주님의 것, 온 누리와 그 안에 살고 있는 모든 것도 주님의 것이다. 시 24:1, 새번역

이 말은 다윗이 그냥 해보는 이야기가 아닙니다. 문학적, 수사적으로 표현한 내용이 아닙니다. 다윗은 정말 그렇게 알고 믿었습니다. 모든 것이 다 하나님의 것입니다. 그 하나님이 지금 자신이 있는 다윗성에 들어오시는 것입니다. 다윗은 스스로 왕이 되려고 한 것이 아닙니다. 하나님이 그를 왕으로 세우셨습니다. 다윗은 부자가 되고 싶은 마음도 없었습니다. 하나님이 다윗을 부자 되게 만드셨습니다.

다윗은 엄청난 부자가 되었습니다. 역대상 29장에 보면 다윗이 성전 건축헌금을 합니다. 솔로몬이 성전을 짓지만 성전 건축에 쓰일 비용과 자재는 다윗이 다 준비해놓습니다. 그때 다윗이 금 3천 달란트와 은 7천 달란트를 헌금했다고 합니다. 금 3천 달란트는 지금 시세로 2조 원 이상입니다. 아무리 왕이라도 한 사람이 소유할 수 있는 정도를 넘어서는 규모입니다. 다윗은 그 많은 재정을 성전

건축헌금으로 바칩니다.

어떻게 그럴 수 있었을까요? 그만큼 많은 부를 얻은 것도 대단하고, 그 엄청난 것을 다 성전 건축에 바치는 것도 대단합니다. 다윗은 이 세상 모든 것이 다 하나님의 것임을 안 것입니다. 그러니 다윗에게는 아깝다는 개념이 없었습니다. 만왕의 왕이신 하나님, 온 천지를 다스리시는 창조주 하나님께 드릴 수 있다는 것 자체가 황홀한 것이었습니다. 다윗은 그 하나님을 만난 사람입니다. 그래서 다윗의 인생이 바뀌고 위대한 삶을 살았습니다.

저와 여러분 모두가 하나님을 바로 알게 되기를 원합니다. 그리고 왕이신 하나님을 만나게 되기를 축복합니다. 정말 그럴 수 있을까요? 그럴 수 있습니다.

하나님을 만난 사람들

누가 그런 하나님을 만날 수 있습니까? 3절에 보면 그 질문이 나옵니다.

누가 주님의 산에 오를 수 있으며, 누가 그 거룩한 곳에 들어설 수 있느냐? 시 24:3, 새번역

다윗은 4절부터 6절까지 여러 조건의 사람들을 언급합니다. 손이 깨끗한 사람, 마음이 맑은 사람, 우상에게 마음을 바치지 않은

사람, 거짓 맹세하지 않는 사람, 주님이 주시는 복을 받고 하나님께 의롭다고 인정을 받은 사람, 주님을 갈망하는 사람, 야곱의 하나님의 얼굴을 사모하는 사람(시 24:6)이라고 언급합니다.

그런데 이 세세한 언급은 사실 하나로 정리됩니다. 마음이 완전히 바뀐 사람입니다. 마음이 하나님으로 가득찬 사람입니다. 물과 성령으로 거듭나야 하나님나라에 들어갈 수 있다고 했듯이 마음이 거듭난 사람입니다. 여러분이 예수님을 믿으면 마음이 완전히 달라집니다. 그래서 딴사람이 되었다고 하는 것입니다.

시편 84편에 마음이 거듭나서 하나님을 만나는 사람에 대해 이렇게 표현합니다.

주님께서 주시는 힘을 얻고, 마음이 이미 시온의 순례 길에 오른 사람들은 복이 있습니다. 그들이 '눈물 골짜기'를 지나갈 때에, 샘물이 솟아서 마실 것입니다. 가을비도 샘물을 가득 채울 것입니다. 그들은 힘을 얻고 더 얻으며 올라가서, 시온에서 하나님을 우러러 뵐 것입니다.

시 84:5-7, 새번역

하나님을 만난 사람은 증거가 있습니다. 그 마음에 시온을 향해 가는 길이 있는 사람입니다. 마음이 완전히 변화되었다는 말입니다. 사람마다 자기가 원하는 길이 있는데, 하나님을 만난 사람의 마음에는 하나님을 향한 길이 있습니다. 저는 여러분이 마음에 예수님을 왕으로 모시고 살아보는 믿음을 실험해보시기를 바랍니다.

지난주에 실패했다면 이번 주에 다시 시작해보십시오. 예수님을 왕으로 모시려면 처음에는 노력이 필요합니다. 그러나 곧 내 마음에 예수님이 왕 되신 것을 누리게 됩니다. 주님을 24시간 바라보게 된다는 말입니다. 예수님은 마음에 그분을 왕으로 모시고 사는 것을 이렇게 표현하셨습니다.

예수께서 이르시되 네 마음을 다하고 목숨을 다하고 뜻을 다하여 주 너의 하나님을 사랑하라 하셨으니 마 22:37

"24시간 예수님을 바라보라"는 말이 이 말입니다. 마음을 다하고 목숨을 다하고 뜻을 다해 하나님을 사랑하는 것입니다. 아침에 눈을 떠서 밤에 잘 때까지 의식이 있는 동안 마음을 다해 하나님을 사랑하는 것입니다. 사랑하기 전에 생각부터 하라는 말입니다. 항상 예수님 생각만 하고 살아보십시오. 그러면 왕이신 하나님을 만나게 되고 그분에 대해 비로소 알게 됩니다. 다윗과 똑같이 경험하게 됩니다. 이사야, 스데반, 사도 바울이 경험했던 놀라운 하나님을 우리 모두 알게 됩니다.

가슴으로 느껴지는 왕이신 하나님

여러분, 예수님을 마음에 왕으로 모시고 살면 어떤 마음이 들까요? 도대체 어떻기에 "24시간 예수님을 바라보라", "마음에 예수님을 왕으로 모시고 살라"고 하는 것일까요? 다윗은 시편 24편 7절부터 10절에 자신이 경험한 것을 노래하고 있습니다. 저는 이 설교를 준비하면서 노래를 들은 것 같습니다. 왕이신 하나님을 항상 모시고 사는 다윗은 어떤 마음이었을까요? 이 시편 가사로 지은 찬양이 있습니다. "문들아 머리 들어라 들릴지어다 영원한 문들아 영광의 왕 들어가시도록 영광의 왕 들어가신다 영광의 왕 뉘시뇨 강하고 능하신 주로다 전쟁에 능하신 주시라 다 찬양 위대하신 왕"

성경은 귀로 듣고 머리로 이해해서는 충분하지 않습니다. 찬양해보니까 가슴으로 느낀다는 것이 무엇을 말하는지 알겠습니까? 다윗이 가지고 있던 마음입니다. 여러분이 찬양할 때 느낀 그 마음이 다윗이 평생 왕이신 하나님을 바라보면서 가졌던 마음입니다. 여러분이 다윗처럼 춤을 추며 이 찬양을 부르지 못했다 할지라도 이 찬양을 부를 때 여러분 안에 무언가 꿈틀거리는 역사가 있었습니까? 그랬을 거라고 믿습니다. 이 찬양을 부를 때 뭐라고 설명할 수는 없지만 내 속에 꿈틀거리는 것이 있었다면 성령님이 하신 일입니다.

왕이신 하나님을 만나면 찬양만 달라지는 것이 아닙니다. 이 찬양 속에서 무엇을 보십니까? 염려나 두려움을 찾아볼 수 있습니까? 슬픔이나 낙심과 절망을 찾아볼 수 있습니까? 전혀 없습니다, 그림자도 없습니다. 담대함과 기쁨과 확신이 넘칩니다. 생수의 강이 흘러넘칩니다. 이것이 하나님이 자신의 왕이라고 믿는 성도의 삶의 분위기입니다.

성령님, 왕이신 하나님이 여러분 안에 와 계십니다. 우리가 24시간 주님을 바라보지 않으니까, 예수님을 정말 왕으로 모시고 살지 않으니까 그 영광을 경험하지 못한 것뿐입니다. 여러분이 찬양 중에 성령의 역사를 경험했다면 기도하시기 바랍니다. '성령 하나님, 제 안에서 더 역사해주세요.' 우리는 다윗처럼 하나님을 만날 수 있습니다. 이미 우리 안에 오셨습니다. 우리가 그렇게 하나님을 알게 되면 우리의 삶 전체가 바뀝니다. 여러분, 정말 왕이신 하나님을 모시고 살고 싶다면 마음을 활짝 열고 왕을 맞이하십시오. '예수님, 내 마음에 왕이 되어주십시오.' 마음을 활짝 열고 왕을 모셔 들이십시오.

만유의 주께서 내 마음에 들어오기 원하신다

어느 유대인 어머니가 랍비에게 축복 기도를 받으려고 자기 아들을 데려갔습니다. 랍비가 그 아이에게 질문했습니다. "얘야, 내가 하는 질문에 답하면 이 동전을 너에게 줄게. 너는 하나님이 어디 계신다고 생각하니?" 랍비는 이 아이가 그 질문에 대답한다면 대단히 영특한 아이일 거라고 생각했습니다. 그런데 그 아이가 당돌하게 이야기했습니다. "선생님, 만약에 선생님께서 제가 하는 질문에 대답하실 수 있다면 저는 동전을 두 개 드리겠습니다. 선생님, 하나님이 안 계신 곳이 도대체 어디에 있나요?" 맑은 영혼을 가진 어린아이의 눈으로 보면 하나님이 안 계신 곳이 없는데, 죄

많은 어른의 마음은 하나님을 찾기 어렵다는 이야기입니다.

하나님은 온 우주에 충만하시고 만유를 다스리시는 분입니다. 그런데 그런 하나님이 왜 좁디좁은 우리 마음에 못 들어오셔서 안타까워하십니까? 하나님이 들어가시지 못하는 곳이 어디 있겠습니까? 천군과 천마를 동원하시는 하나님이 밀고 들어오시면 누가 감당할 수 있겠습니까? 그런데도 우리가 하나님께 마음을 활짝 열어야 우리 안에 들어오시는 이유가 무엇입니까?

여기에 놀라운 신비가 있습니다. 온 우주 만물을 다스리시는 하나님이 안 계신 곳이 없지만, 그분 마음대로 들어오실 수 없는 유일한 곳이 우리의 마음, 바로 사람의 마음입니다. 이것이 하나님과 우리 사이가 인격적인 관계라는 뜻입니다. 우리의 마음만큼은 우리가 하나님께 열어드려야 들어오십니다. 우리가 하나님께 마음을 열지 않으면 그분도 우리 마음에 들어오지 않으십니다. 하나님이 우리를 그렇게 만드셨습니다.

그런데 그 놀라운 축복을 모르고 아담과 하와는 하나님께 열어야 할 마음을 마귀에게 열었습니다. 마귀가 우리 안에 들어온 것이 인간의 타락입니다. 그때부터 우리의 삶은 엉망진창이 되었습니다. 내 마음 나도 모르고, 우리가 하는 일마다 사는 삶마다 왜 이렇게 다 엉망이 되고 상처투성이고 좌절입니까? 우리는 왜 그렇게 죄를 짓고 사는 것입니까?

우리가 죄와 육신의 종 노릇하기 때문입니다. 그러나 하나님께서 우리를 버려두지 않으시고 독생자 예수를 우리에게 보내셔서 십자가에 피 흘려주셨습니다. 우리가 다시 하나님을 마음에 왕으로 모실 수 있도록 구원의 길을 열어주셨습니다. 이제 누구든지 예수님을 믿고 그분을 자신의 왕으로 모실 수 있게 되었습니다. 이것은 엄청난 축복입니다. 예수님을 왕으로 영접한다는 뜻입니다.

그런데 많은 사람이 예수님을 왕으로 모시라는 말을 부담스러워합니다. 예수님을 마음의 왕으로 모시면 자기 마음대로 못 산다고 생각하는 것입니다. 이미 자신이 죄에 종 노릇하고 있다는 것을 모르는 것입니다. 우리는 하나님께 온전히 헌신하도록 창조되었습니다. 그런데 하나님께 온전히 헌신하지 않으면 그 헌신을 마귀에게 바칠 뿐입니다. 왕이 없이 사는 것이 자유인 줄 아는 사람들이 있는데 이렇게 어리석습니다. 세상에 마음대로 사는 사람이 누가 있습니까? 다 육신과 죄에 종 노릇하는 것입니다. 우리의 마음에 예수님이 왕이어야 우리가 죄와 육신에서 자유하게 됩니다. 예수님을 마음에 왕으로 모시는 것은 구원의 길입니다. 비로소 죄와 저주, 육신의 종 노릇에서 자유를 얻는 것입니다.

예수님은 우리를 강제로 이끄시는 분이 아닙니다. 그분은 선한 목자이십니다. 예수님과 동행하는 놀라운 삶을 살게 되는 것입니다. 그러나 마음을 여는 것만큼은 우리가 해야 합니다. 예수님은 절대 강제로 들어오시지 않습니다. 우리가 사랑을 해도 상대가 나에게 마음을 열어주지 않으면 아무 소용이 없는 것입니다. 제 딸도 어느 날 방문에 "노크하고 들어오세요"라고 써 붙였습니다. 내 집이지만 그 방은 제 마음대로 못 들어갑니다. 노크해야 들어갈 수 있습니다. 하나님과 우리 사이의 관계입니다. 우리가 문을 열지 않으면 하나님이 강제로 들어오시지 않습니다.

내 마음에 왕을 모시면 세상이 바뀐다

하나님은 왕이십니다. 우리가 마음을 활짝 열고 하나님을 왕으로 받아들이면 하나님의 나라가 이루어지게 됩니다. 만왕의 왕이 들어가시는 데 누가 문을 닫아놓겠습니까? 왕임을 모르는 사람이나 그렇게 할 것입니다. 예수님이 누군지 모르니까 열까 말까 주저하는 것입니다. 예수님이 누구신지 알면 문을 열지 않을 사람이 없습니다. 활짝 열게 됩니다. 집에 사위나 며느리만 와도 문을 활짝 엽니다. 목사님이 심방만 와도 대문을 활짝 열어놓고 어서 오시라고 합니다. 예수님이 왕으로 마음에 들어오실 때 당연히 문을 활짝 열어야 합니다. 마음을 다하고 뜻을 다하고 목숨을 다하여 주님을 사랑하며 사는 것이 삶의 축복임을 알아야 합니다.

온 우주에서 오직 인간 세상만 하나님이 완전한 왕 노릇을 하지 않고 보류하고 계십니다. 이제 때가 되면 하나님이 여기도 왕 노릇 하실 것입니다. 우리가 하나님을 왕으로 모신다면 세상을 뒤바꾸는 일에 동참하게 되는 것입니다. 그렇게 하나님은 세상을 바꾸십니다. 예수님이 우리의 왕이 되시기 전에는 하나님은 어디에도 안 계십니다. 그러나 예수님이 우리의 왕이 되시고 나면 이 세상에 하나님이 안 계신 곳이 없습니다. 눈이 열리고 다윗처럼 찬양하게 되는 것입니다. 예배 시간마다 하나님이 진정한 왕이심을 찬양하게 되는 것입니다.

우리가 왕이신 하나님을 만나면 찬양만 달라지는 것이 아닙니다. 가장 놀라운 변화가 예배입니다. 예배는 왕께 드리는 경배입니다. 우리가 예수님을 왕으로 모시면 예전처럼 예배드리지 못합니다. 찬양을 부를 때 염려나 두려움을 찾아볼 수 없습니다. 왕이신 하나님을 찬양하는 동안 우리를 억누르던 두려움과 염려, 좌절과 낙심, 슬픔이 다 사라져버립니다. 왕이신 하나님을 찬양할 때 자기도 모르게 속에서 기쁨과 확신이 넘치고 담대해지는 경험을 해보지 않았습니까? 왕이신 하나님을 만나고 믿고 살면 삶이 달라집니다. 기쁨과 감사와 확신의 삶이 되어 세상이 변화되는 것입니다. 우리가 우리 주변을 다 바꾸는 것입니다. 왕이신 하나님을 아는 그리스도인의 삶은 참 놀랍습니다.

어느 교회 부흥회에서 한 자매가 눈물로 나눈 간증에 큰 은혜를 받았습니다. 그 자매는 시편 23편 5절 "내 잔이 넘치나이다"를 하나님이 주시는 말씀으로 받았습니다. 그러나 자신에게 왜 그 말씀이 이루어지지 않는지 답답해하며 부흥회에 참석하여 기도했습니다. "내 잔이 넘치나이다. 하나님, 이 말씀이 저에게 이루어지게 해주세요. 경제적으로 너무 어렵습니다. 가장 어려운 때를 보내고 있습니다." 그런데 그날 자매가 주님을 보는 눈이 열리고 주님을 만났습니다. "주님, 이미 내 잔이 넘치고 있었군요." 감사 제목이 쏟아져 나왔습니다. 무엇보다 예수님 한 분이면 충분하다고 고백했습니다. 말씀이 이루어지고 있었습니다. 이처럼 하나님이 왕이신 것을 경험한 사람은 삶 전체가 바뀝니다. 세상을 보는 눈이 달라지기 때문입니다.

주님, 제 마음에 왕이 되소서

오스왈드 챔버스 목사님의 《주님은 나의 최고봉》(토기장이)에 나오는 내용입니다.

"짜증(신경질, 분노, 불평)이라는 것은 정신적 또는 영적으로 정상에서 벗어났다는 의미입니다. 우리는 짜증을 내지 않는 것이 얼마나 힘든지를 잘 압니다. '주 안에서 평안하시기 바랍니다. 문제가 해결될 때까지 주 안에서 참고 기다리십시오'라고 말하기는 아주 쉽습니다. 그러나 실제로 혼란과 역경 중에 참으로 주님 안에서 안식하기란 어렵습니다. 주 안에서 평안을 얻는 것은 환경에 의한 것이 아닙니다. 그 평안은 오직 예수님과의 관계에 달려 있습니다. 짜증 내고 신경질 부리는 것은 늘 죄와 연결됩니다. 우리는 어쩔 수 없이 걱정도 하고 짜증도 나게 마련이라고 생각하지만, 사실 그것은 우리가 얼마나 악한지 말해줍니다. 짜증은 내 마음대로 살겠다는 의지에서 오는 것이기 때문입니다. 주님은 한 번도 걱정하거나 짜증내신 적이 없으십니다. 그분이 이 땅에 자기 뜻을 이루려고 오신 것이 아니기 때문입니다. 그분은 하나님의 뜻을 실현하기 위해 오셨습니다. 그러므로 우리가 하나님의 자녀라고 하면서 짜증내고 걱정하고 신경질 부리고 염려한다면 이는 악한 것입니다. 지금 내 상황은 하나님께서 해결하시기에도 벅찰 거라는 어리석은 생각을 한 적은 없습니까? 모든 어리석은 생각을 접고 전능자의 그늘에 머물러보십시오. 그리고 의도적으로 하나님께 말씀하십시오. '그 무엇도 염려하지 않고 짜증내지 않겠습니다.' 우리의 모든 염려와 신경질은 하나님을 진정으로 믿지 않기에 발생하는 문제입니다."

예수님이 내 마음에 왕이 되시면 짜증내는 것은 어울리지 않습니다. 예수님이 왕이신데 어떻게 짜증낼 수가 있습니까? 예수님을 마음에 왕으로 모시고 산다는 말은 이제 짜증도 안 내고 신경질도 부리지 않는다는 것입니다. 걱정도 염려도 안 합니다. 예수님이 왕이시니까 그렇습니다. 왕이신 예수님에게 어울리지 않는 마음은 용납하지 않을 것입니다. 저는 정말 예수님을 왕으로 모시고 살 것입니다. 여러분도 왕이신 예수님을 마음에 영접하기를 축원합니다. 그래서 하나님의 부흥을 경험해보시기 바랍니다. 다윗을 만나주신 하나님께서 우리도 만나기를 바라십니다.

"주님, 제 마음에 왕이 되시기를 원합니다. 제가 마음을 다하여 하나님을 사랑하겠습니다. 제가 뜻을 다하고 목숨을 다하여 주님을 사랑하겠습니다. 주여, 제 마음에 왕이 되소서. 다윗을 만나주신 하나님, 제게도 오시옵소서."

15

환난에서
성도가 사는 길

지금 어려운 일을 당하고 있다면 영적으로 조심하시기 바랍니다. 경제적인 어려움이나 질병 또는 가정불화, 실패 등 어떤 어려움이든지 그 배후에 악한 영이 미혹하는 일이 함께 일어나고 있음을 명심해야 합니다. 그러므로 어떤 상황이든지 영적 역사를 잘 분별해서 마음을 지켜야 합니다.

이따금 인터넷 자살 사이트에서 만난 사람끼리 극단적 선택을 했다는 뉴스를 접하게 됩니다. 서로 모르는 사람들이 만나서 어떻게 그럴 수 있을까요? 그들이 인터넷에서 계속 대화를 나누었기 때문입니다. "우리 죽자. 살아보니 별 수 있나. 어차피 너나 나나 삶에 희망이 없잖아. 차라리 빨리 죽는 게 나을 거야. 그래도 마지막을 함께할 수 있어서 행복해." 이것이 마귀의 속삭임이라는 것을 모르니까 죽음의 길로 가는 것입니다.

우리가 질병, 재정 위기, 실직, 실패, 실연 등 어려움을 당할 때, 정말 조심해야 할 것은 영적으로도 시련을 겪게 된다는 것입니다. 몸이 아프면 단순히 몸만 아픈 것이 아니라 마음도 어려움을 겪는데 병을 통해 마귀도 역사하기 때문입니다. 따라서 몸이 아픈 사람은 마음이 병들기 쉽고 영적으로도 문제가 생기는 것입니다. 욥의 경우에도 그에게 닥친 시련 뒤에 마귀의 역사가 있었습니다. 그러므로 힘들고 어려울수록 정신을 차려야 합니다. 더욱 마음을 지켜야 합니다.

환난당한 성도의 살길

시편 25편은 환난당한 다윗의 기도입니다. 그래서 했던 말을 반복하기도 하고 내용이 뒤죽박죽입니다. 그래서 오히려 더 친근하게 느껴지는지도 모릅니다. 우리도 종종 그렇게 기도하기 때문입니다. 그러나 다윗의 기도를 정리해보면 다윗의 귀한 믿음이 드러남을 알 수 있습니다. 환난당한 성도가 살 믿음의 길이 나옵니다.

시편 25편은 환난당한 성도가 살길을 세 가지로 알려줍니다.

첫째, 환난 중에 주님을 더욱 바라보는 것입니다.

주님, 내 영혼이 주님을 기다립니다. 시 25:1, 새번역

…내 눈은 언제나 주님을 바라봅니다. 시 25:15, 새번역

…나의 피난처는 오직 주님뿐입니다. 시 25:20, 새번역

···주님, 나는 주님만 기다립니다. 시 25:21, 새번역

시편은 마치 하나님께서 우리에게 24시간 예수님을 바라보는 믿음을 훈련하라고 주신 성경 같습니다. 시편을 읽으며 "주님, 정말 그렇습니다" 이렇게 고백하게 됩니다. 시편 25편에서 다윗은 주님을 바라본다고 고백합니다. 그는 환난 중에 더욱 하나님을 찾았습니다. 대단한 일입니다. 어려운 일이 생기거나 문제가 일어나고 환난이 닥치면 평소 믿음조차 잃어버리는 경우가 많습니다. 그렇기에 명심해야 합니다. 환난에서 성도가 사는 길은 주님을 끝까지 바라보는 것입니다.

물론 생각처럼 쉬운 일은 아닙니다. 저절로 되는 일이 아니기 때문입니다. 평안할 때는 그렇게 할 수 있을 것 같지만, 막상 어려운 일이 닥치면 주님을 떠올리기가 쉽지 않습니다. 믿음이 있어도 당황하고 물에 빠진 지푸라기 잡는 심정으로 허우적거리기 쉽습니다. 그래서 다윗이 대단한 것입니다. 환난 중에 다윗은 더욱 하나님을 찾았습니다. 평소 주님과의 교제가 그만큼 분명했다는 뜻입니다. 성도들이 환난을 당해도 주님을 생각하고 바라보면 살아납니다.

예수님이 십자가에 달리셨을 때 완전한 절망에 빠지신 적이 있습니다. 하나님께 완전히 버림받았다고 느낀 순간 예수님은 큰 소리로 탄식하셨습니다.

그런데 그 순간에도 예수님은 "나의 하나님, 나의 하나님"이라고 하나님을 부르셨습니다. 완전한 절망 중에서도 하나님에 대한 믿음을 잃지 않으셨던 것입니다. 이것은 눈으로 보고 느끼는 상황과 반대의 역사입니다. 눈으로 보면 하나님은 안 계시고 나를 완전히 버리셨습니다. 그런데 믿음으로는 하나님이 내 안에 분명히 살아 계십니다. 이것이 환난을 이기는 길입니다.

욥도 그랬습니다. 욥은 하나님을 잘 믿었습니다. 그런데 하나님이 계신다면 도저히 일어날 수 없을 것 같은 재앙이 욥에게 계속 일어났습니다. 하나님을 부인하고 하나님을 떠나게 하는 것이 마귀의 의도였습니다. 마귀는 우리를 잘 압니다. 어려운 일이 반복되면 하나님도 버리는 것이 사람입니다. 욥도 이와 같은 위기에 빠졌습니다. 그러나 그때 욥이 입술로 범죄하지 않고 오히려 하나님을 찬양합니다.

머리를 땅에 대고 엎드려 경배하면서, …모태에서 빈손으로 태어났으니, 죽을 때에도 빈손으로 돌아갈 것입니다. 주신 분도 주님이시요, 가져가신 분도 주님이시니, 주님의 이름을 찬양할 뿐입니다.

욥 1:20,21, 새번역

대단한 믿음입니다. 꼭 기억해야 합니다. 우리에게도 환난이 찾아옵니다. 그러나 하나님이 도무지 안 계신 것 같고 자신을 버리신 것 같은 상황일지라도 끝까지 주님을 믿고 바라보고 부르짖으면 살 수 있습니다.

둘째, 환난 중에 철저히 회개하는 것입니다.

내가 젊은 시절에 지은 죄와 반역을 기억하지 마시고, 주님의 자비로우심과 선하심으로 나를 기억하여주십시오. 시 25:7, 새번역

주님, 주님의 이름을 생각하셔서라도, 내가 저지른 큰 죄악을 용서하여 주십시오. 시 25:11, 새번역

다윗은 하나님 앞에 자기의 죄를 용서해달라고 기도합니다. 자신이 저지른 죄악이 있다면 용서해주시고 기억하지 말아달라는 기도입니다. 환난당했을 때 성도가 사는 길은 자기 자신을 정직하게 살펴보는 것입니다. 주님과의 관계에 문제는 없었는지, 주님을 믿지 못하고 엉뚱한 데 바라보지는 않았는지 살펴보라는 말입니다.

제가 군목 훈련을 받을 때 훈련소에서 대장이 늘 하던 말이 있었습니다. "눈동자 돌아가는 소리가 들린다!" 저는 그 당시에 그 말이 거짓말이라고 생각했습니다. 그런데 제가 설교하면서 교인들을 보다보니 정말 교인들의 눈동자 돌아가는 소리가 들리는 것 같았습니다. 예배 시간에 예배당에서 예배를 드린다고 앉아 있어도 주

님을 바라보지 않는 사람, 주보를 들여다보는 사람, 예배당에 들어오는 사람을 쳐다보느라 눈동자 돌아가는 소리가 들립니다. 예수님에게 집중하지 않는 것이 눈에 보입니다.

훈련소에 갓 입소한 훈련병이 겉으로 보기에 군인 같아도 세워 놓고 보면 눈이 돌아갑니다. 사방을 둘러보는 오합지졸입니다. 눈을 보면 그 사람의 마음을 알 수 있습니다. 주위에 무엇이 있든지 상관하지 않고 지휘관만 주목하고 명령에 집중해야 군인입니다. 그래야 총알 세례가 쏟아지는 전쟁터에서도 지휘관의 명령에 따라 움직일 수 있습니다.

주님이 우리를 보실 때 어떠실까요? 예수님도 우리에게 눈 돌아가는 소리가 들린다고 하시지 않을까요? 24시간 예수님만 바라보지 못하고 자꾸 사람을 보고, 뉴스를 보고, 문제를 보며 사니 예수님께서 우리를 인도하실 수가 없는 것입니다. 왜 자꾸 마음이 왔다 갔다 합니까? 그러다 결국은 넘어지고 무너지고 맙니다.

여러분, 환난이 왔을 때 정말 주님만 바라보고 사는지 점검하시기 바랍니다. 그렇게 믿음이 좋은 다윗도 세상을 바라보다가 시험에 빠진 일이 있었습니다. 자기 군사력을 과시하고 부하의 아내를 탐하다 크게 무너졌습니다. 그리고 하나님 앞에 철저히 회개했습니다. 그것이 환난당한 성도가 살길이었습니다. 믿음의 조상 아브라함도 그랬습니다. 하나님께서 아브라함에게 아들을 주고 큰 민족을 이루리라고 분명히 약속하셨는데도 세월이 지나도 아들이 없자 양자를 들이려 했고, 사라가 아이를 낳을 수 없는 몸이 되자 하나님 앞에 묻지 않고 하갈에게서 이스마엘을 낳았습니다. 성경을 보면 그 일로 하나님은 13년 동안 아브라함에게 나타나지 않으셨습니다.

딴 데 눈을 돌리는 것이 문제입니다. 죄에 기웃거리는 태도를 단호히 버리고 주님을 바라보는 삶을 훈련해야 합니다.

셋째, 환난 중에 철저히 순종하는 것입니다.

주님, 주님의 길을 나에게 보여주시고, 내가 마땅히 가야 할 그 길을 가르쳐주십시오. 시 25:4, 새번역

주님은 선하시고 올바르셔서, 죄인들이 돌이키고 걸어가야 할 올바른 길을 가르쳐주신다. 시 25:8, 새번역

성도가 환난에서 벗어나는 길은 주님이 인도하시는 길을 따르는 것입니다. 그동안 한눈팔며 산 것을 철저히 회개하고 이제는 순종하며 사는 것입니다. 환난을 당하고 나면 순종이 결코 무거운 짐이 아님을 알게 됩니다. 순종이 진정한 구원의 길임을 알게 됩니다. 순종은 고민하지 않고, 염려하지 않고, 두려워하지 않는 삶을 사는 것입니다. 순종하고 산다는 말은 더는 걱정을 안 한다는 믿음이 생겼다는 뜻입니다. 이제는 순종만 하면 되는 것입니다. 주님이 말씀하시는 대로만 하면 됩니다. 예수님에게 순종만 하며 살면 비

로소 죽어가던 마음이 살아납니다. 얼마나 편합니까?

허드슨 테일러 선교사님이 중국에서 사역하다가 깊이 좌절했을 때가 있었다고 합니다. 그때 그를 일어나게 한 말씀이 "나는 포도나무요 너희는 가지라"(요 15:5)라는 말씀입니다. 그 말씀에 허드슨 테일러 선교사님의 눈이 열렸습니다. 예수님이 포도나무이고 자신이 가지임을 믿음으로 받아들인 후에 그는 "나는 나의 구원에 대해서 내가 할 일이 아무것도 없음을 깨닫게 되었다. 나는 더 이상 염려하고 두려워하지 않을 것이다. 내가 할 일은 찬양할 것밖에 없음을 알았다"고 했습니다. 그리고 그는 평생 찬양하고 감사하며 살았습니다.

중동의 어느 지방에서 낙타가 웅덩이에 빠진 일이 있었습니다. 마을 사람들이 힘을 합쳐 낙타를 건져내려고 했지만 허사였습니다. 낙타도 흥분한 상태였고 웅덩이도 꽤 깊었습니다. 그때 마을에 있는 지혜로운 한 사람이 낙타를 건져낼 방법을 알려주었습니다. 그 말을 들은 사람들이 다들 고개를 끄덕이며 웅덩이에 모여 삽으로 땅을 파서 그 웅덩이에 던지기 시작했습니다. 낙타 주인은 기겁을 하며 낙타를 꺼내달라고 했지, 낙타를 웅덩이에 파묻어 죽일 거냐고 소리쳤습니다. 그러나 사람들이 계속 웅덩이에 흙을 퍼붓자 놀랍게도 낙타 스스로 웅덩이에 쌓인 흙을 밟고 웅덩이 밖으로 나왔습니다.

우리 힘으로 아무리 몸부림쳐도 헤어나지 못하는 인생의 웅덩이가 있습니다. 그때는 내 힘을 빼는 것이 사는 길입니다. 이것이 인생의 수렁에 빠진 우리에게 주어진 십자가 복음입니다. 나는 죽고 예수로 사는 것이 구원받는 삶입니다. 그러나 우리는 때때로 주님의 방법이 언뜻 잘 이해가 안 됩니다. 십자가 복음은 "내가 예수와 같이 죽고 예수로 사는 것"입니다. 그런데 성도들이 이 말씀이 잘 받아들여지지 않는 것 같습니다. '예수를 믿는 것도 살아보려고 믿는 건데 죽으라니' 아마 이런 마음 때문에 처음에는 거부감이 드는 모양입니다. 그러나 명심하십시오. 예수님과 함께 내 자아가 죽지 않으면 우리 주님도 나를 살려낼 방법이 없습니다.

우리를 건져내실 능력이 주님께 있습니다. 주님 그분만이 살길입니다. 그런데 우리가 정말 예수님과 함께 죽었음을 인정하지 않으면, 내 생각과 판단이 자꾸 앞서면, 우리 주님은 그냥 지켜보실 뿐입니다. 예수님과 함께 죽었다는 말은 모든 판단과 결정을 주님께 맡기는 것입니다. 그러면 주님이 우리를 능히 건지시는 역사가 일어납니다. 그것이 환난당한 성도가 사는 길입니다.

길은 언제나 있다, 예수의 길

초등학교 4학년 남자아이가 지리산에서 3일간 조난당했다가 살아나온 일이 있었습니다. 아이는 아버지와 아버지 친구분들과 함께 지리산 천왕봉에 올라갔다가 내려오는 길에 이리저리 기웃거리다 길을 잃었습니다. 아버지와 일행은 아이가 잘 따라오겠거니 생각했는데 이 아이가 그만 곁길로 들어서고 만 것입니다. 어느새 주위에 사람도 없고 길도 없어졌습니다. 초등학생이 그 깊은 지리산을 홀로 헤매고 다녔습니다. 정신을 똑바로 차리지 않고 주님을 바라보고 살지 않으면 우리도 이런 꼴이 되는 것입니다.

그런데 이 아이가 어떻게 살아나왔을까요? 그 순간 아버지가 평소에 산을 다니며 해주신 말씀을 기억했습니다. 밤이 되어 무서울 때 "우리나라 산에는 맹수가 살지 않는다"는 말을 기억하며 무서움을 견뎠습니다. 다음날 비가 내리자 "산에서 비를 맞고 잠들면 체온이 떨어져서 죽을 수도 있다"라는 말씀이 생각나 침낭을 뒤집어쓰고 밤을 지새웠다고 합니다. 결정적으로 "산에서 길을 잃어도 물소리가 나는 쪽으로 가면 산다"라는 말을 기억했습니다. 아이는 아버지의 말씀을 따라 내려와 3일 만에 살아 돌아왔다고 합니다.

여러분, 우리가 환난을 당하면 길이 없는 것처럼 보입니다. 마치 아이가 겪은 것처럼 우리도 인생길 가운데 비슷한 상황을 겪습니다. 어디에도 길이 없고 주위에 아무도 없고 혼자입니다. 그러나 길은 언제나 있습니다. 예수님이 길입니다. 나와 함께 계신 주님이 길이십니다. 그러므로 평소에 24시간 주님을 바라보는 훈련을 해야 합니다. 상황이 어려울수록 24시간 예수님과 동행하는 삶을 훈련해가야 합니다. 어려운 일을 당하고 난 다음에 주님을 바라보려고 하면 믿음이 안 생깁니다. 다윗은 이미 오랫동안 주님과 동행하였습니다.

주님, 먼 옛날부터 변함없이 베푸셨던, 주님의 긍휼하심과 한결같은 사

다윗은 오랜 시간 주님과 교제했습니다. 그는 하나님이 자신을 사랑하시고 늘 함께 계시며 긍휼이 많으신 것을 알았습니다. 그러니까 환난을 당했을 때도 하나님을 바라보는 믿음을 가질 수 있었던 것입니다. 24시간 주님을 바라보는 훈련, 아침에 일어나 밤에 잠들 때까지 주님과 동행하는 것이 분명하게 느껴지는 신앙생활을 해야 합니다. 평소에 주님과 동행하는 믿음이 있어야 환난 중에 주님을 찾는 믿음이 생기는 것입니다.

그 길밖에 없다, 예수의 길

주님께서는, 주님을 경외하는 사람과 의논하시며, 시 25:14, 새번역

여러분은 중요한 일을 누구와 의논하십니까? 어려운 일이 생기면 누구와 의논하십니까? 친한 사람입니다. 우리 주님도 어떤 일을 하실 때 주님을 경외하는 사람과 의논하신다고 하십니다. 주님을 경외하는 자에게는 반드시 주님의 계획을 알려주십니다. 평소에 주님과 친해야 합니다. 그러면 예수님과 더욱 친밀한 관계에 들어가게 됩니다.

믿음의 눈으로 훈련하는 일은 대단히 중요합니다. 그래야 하나

님의 인도함을 받을 수 있습니다. 순종하고 싶어도 주님의 뜻을 모르면 어떻게 순종할 수 있겠습니까?

선한목자교회는 기존의 실업인선교회를 일터 선교회로 재창립하였습니다. 그동안 실업인선교회는 사업하는 교우들의 헌금으로 선교사업을 해왔습니다. 그것도 귀한 일입니다. 하나님께서 그동안 실업인선교회를 통해 많은 일을 하셨습니다. 그러나 사업을 하며 어려움을 겪는 성도들이 많습니다. 그런 실업인 성도들에게 축복 기도만 해드리는 것이 합당한 일은 아니라는 것을 깨달았습니다. 사업에도 길이 있습니다. 아무렇게나 장사하고 세상 방식으로 사업하면서 축복 기도만 받으면 되는 것이 아니요 하나님의 말씀대로 사업하는 길을 가르치는 것이 중요합니다. 실업인선교회를 일터 선교회로 재창립하면서 성도들이 하나님의 방법으로 사업하도록 훈련하기를 힘썼습니다.

우리가 살길은 그 길밖에 없습니다. 성경이 정말 하나님의 말씀이고, 예수님이 우리의 모든 삶을 주장하시는지, 자기 자신을 하나님 앞에 실험 도구로 내놓으시기 바랍니다. 가정 문제도 마찬가지입니다. 어떻게 하면 가정 문제가 해결됩니까? 부모와 자녀, 남편과 아내가 서로 해야 할 역할이 있습니다. 주님이 하라는 대로 살면서 하나님의 역사를 구하고 기도해야 합니다. 그러면 변화되지 않을 가정이 없습니다. 교회에서 여는 가정 세미나 등에 참여하여 가정에서 어떻게 살아야 하는지 배워야 합니다.

마찬가지로 환난당했을 때 성도가 사는 길이 있습니다. 다윗이 우리에게 그것을 보여주고 있습니다. 어려울 때일수록 주님을 더욱더 바라보고 철저하게 회개하고 온전히 순종하는 것입니다. 24시간 주님을 바라보는 훈련을 통해 환난에서 벗어나는 성도들, 시험에 강한 성도들이 되기를 축복합니다.

16

도저히
죄지으며
살수 없는 이유

시편 26편을 읽고 나서 어떤 느낌을 받으셨는지 모르겠습니다. 이 말씀을 설교하려고 말씀을 묵상할 때 저는 한편으로 굉장한 도전을 받았고, 또 한편으로는 상당한 거부감이 들었습니다.

다윗은 죄인이 아닌가?

다윗이 1-3절에서 이렇게 고백하기 시작합니다.

> …나는 올바르게 살아왔습니다. … 주님, 나를 샅샅이 살펴보시고, 시험하여 보십시오. 나의 속 깊은 곳과 마음을 달구어 보십시오. … 주님의 진리를 따라서 살았습니다. 시 26:1-3 새번역

그는 6절과 12절에서도 이렇게 고백합니다.

> 주님, 내가 손을 씻어 내 무죄함을 드러내며… 내가 선 자리가 든든하오니. 시 26:6,12 새번역

아무리 다윗이지만 어떻게 이렇게 말할 수 있습니까? 하나님 앞에서 "하나님, 저 바르게 살았습니다. 죄짓지 않고 살았습니다. 제 마음을 살펴보세요"라고 말할 수 있는 사람이 도대체 누가 있겠습니까? 그런데 다윗이 감히 이런 고백을 하는 것입니다.

우리는 주일예배 때 대표기도자가 "하나님, 지난 주간 또 죄 중에 살다가 왔습니다", "저희는 말할 수 없는 죄인입니다", "저희를 용서해주세요", "주님의 보혈로 씻어주세요"라고 기도하면 은혜를 받습니다. 하지만 "나는 올바르게 살았습니다", "나는 주님을 따라 살았습니다", "나는 죄가 없습니다", "나는 너무나 든든합니다"라고 기도하면 거부감이 들고 너무 교만하다고 하지 않겠습니까? 심지어 마음이 불쾌할 것입니다. 그런데 다윗이 지금 하나님 앞에서 그렇게 말하고 있는 것입니다. 성경은 모든 사람이 다 죄인이라고 분명히 말씀합니다.

다 치우쳐 다함께 더러운 자가 되고 선을 행하는 자가 없으니 하나도 없도다 시 14:3

기록한 바 의인은 없나니 하나도 없으며 롬 3:10

성경은 이 세상에 하나님 앞에서 죄인이 아닌 사람은 한 사람도 없다고 증거합니다. 그러면 시편 26편의 다윗의 고백을 어떻게 해석해야 합니까? 다윗은 도대체 무슨 생각으로 이런 이야기를 한 걸까요? 말씀을 묵상하며 바로 그 점이 하나님이 우리에게 주시는 놀라운 메시지라는 것이 깨달아졌습니다.

다윗이 간증하는 하나님

시편 26편은 다윗이 얼마나 의로운 사람인지 말하고 있는 것이 아닙니다. 다윗은 결코 완전한 사람이 아니었습니다. 우리도 다윗이 어떤 죄인인지 잘 압니다. 그런데 어쩔 수 없는 죄인인 사람의 입에서 "하나님, 저 올바로 살았습니다. 죄짓지 않고 살았습니다. 내 마음속까지 하나님이 다 아시잖아요?"라는 고백이 나오게 하실 수 있는지 '그 하나님이 얼마나 놀라우신가?' 하는 것입니다. 그러니까 시편 26편은 다윗의 간증입니다. "주님이 하셨습니다!"라고 하는 고백입니다.

1절을 다시 한번 살펴보면 다윗이 이렇게 고백합니다.

> 나는 올바르게 살아왔습니다. 주님만을 의지하고 흔들리지 않았습니다. 시 26:1, 새번역

자신이 올바르게 살아온 것은 주님만을 의지하고 살았기 때문이라고 말하는 것입니다. 그리고 이 모든 것이 하나님이 하신 놀라운 일이라고 분명히 간증합니다.

　우리는 다 죄인입니다. 생각하는 것, 말하는 것, 계획하는 것이 다 죄이기 때문입니다. 그런 우리지만 성경은 놀랍게도 우리가 죄 짓지 않고 산다고 말씀합니다. "나는 올바로 살았습니다"라고 고백할 수 있다는 말입니다. 여러분이 죄를 안 지으려고 그동안 무던히 애써보셨을 것입니다. 그러니 이 일이 얼마나 놀라운 일인지 아실 것입니다. 그런데 우리가 하나님 앞에서 이런 고백을 할 수 있는 것이 기적입니다. 이것이 복음의 능력이자 하나님의 역사입니다.

　십자가 복음은 우리의 삶을 변화시키게 마련입니다. 우리가 진정으로 하나님을 믿게 되었다면 우리도 다윗처럼 간증하는 것이 정상입니다. 그래서 저는 주일예배 때 대표기도 하시는 분들이 이렇게 기도하시기를 기대합니다. "하나님, 지난 주간은 놀라운 주간이었습니다. 정말 잘 살았고 승리하고 왔습니다. 하나님, 죄를 이기고 살았습니다. 하나님은 제 모든 마음과 형편을 잘 아십니다. 주님이 하셨습니다. 주님, 영광을 받으시기 바랍니다." 이것이 하나님이 기뻐하시는 일입니다.

다윗처럼 믿으라

어떻게 하면 이런 고백을 할 수 있을까요? 우리가 하나님을 다윗처럼 믿으면 됩니다. 신명기 5장에 보면 하나님께서 이스라엘 백성들을 출애굽시킨 후 그들을 시내 산으로 부르시고 하나님 자신을 백성 앞에 드러내 보이십니다. 이 놀라운 하나님의 역사를 경험한 이스라엘 백성들의 반응이 어땠습니까? 이스라엘의 모든 수령과 장로들이 모세에게 나아와 도저히 무서워 견딜 수 없으니 모세 혼자 하나님께 나아가서 말씀을 받아 가지고 오고 자기들은 돌아가게 해달라고 간청하는 장면이 나옵니다. 하나님을 만나는 엄청난 기회를 버리고 스스로 물러가겠다고 한 것입니다.

하나님께서 그들을 애굽의 압제에서 건져내신 이유는 오직 하나, 하나님께 더 가까이 오게 하기 위해서였습니다. 그러나 이스라엘 백성은 가까이 오시는 하나님 앞에서 뒷걸음질했습니다. 이것이 이스라엘 백성들의 하나님에 대한 믿음이었습니다. 입술로는 하나님을 믿는다고 했지만 마음으로는 하나님을 바라지 않았다는 말입니다. 그때 하나님께서 이스라엘 백성들의 말을 들으시고 모세에게 이렇게 지시하십니다.

가서 그들에게 각기 장막으로 돌아가라 이르고 너는 여기 내 곁에 서 있으라 신 5:30-31

백성들에게는 돌아가라고 하시고 모세에게는 여기 내 곁에 서 있으라고 말씀하십니다. 이 부분을 읽을 때 하나님의 마음이 느껴졌습니다. 하나님은 백성들과 함께하기를 원하셨습니다. 하나님은 이스라엘 백성을 구원하시고 그들과 함께 살고 싶어 하셨습니다. 그런데 이스라엘 백성이 이를 싫어했습니다. 그들이 마음에 하나님 두기를 싫어한다고 한 로마서 말씀처럼 이스라엘 백성들이 하나님께 가까이 가기를 싫어했습니다. 이스라엘 백성들이 돌아가겠다고 했을 때 하나님의 마음이 얼마나 안타깝고 아프셨을까요.

하나님께 가까이 가기를 꺼리는 이스라엘 백성들에게 모세는 이렇게 말합니다.

> 모세가 백성에게 이르되 두려워하지 말라 하나님이 임하심은 너희를 시험하고 너희로 경외하여 범죄하지 않게 하려 하심이니라 출 20:20

모세는 하나님을 무서워하지 말라고 말합니다. 하나님이 우리와 가까이하려고 하시는 것은 우리가 정말 하나님을 알고 그분을 경외하며 죄짓지 않고 살게 하려 하심이라는 것입니다. 하나님께서 이스라엘 백성들에게 정말 원하는 것은 친밀히 교제하는 것입니다. 다시는 죄의 종이 아니라 진정 하나님의 백성답게 살게 하시려는 것이었습니다.

그렇습니다. 하나님의 자녀들이 도저히 죄지으며 살 수 없는 것은 하나님과 친밀히 교제하기 때문입니다. 우리는 죄인이지만 하나님의 임재 안에 살면 죄짓지 않고 살 수 있습니다. 하나님이 함께하신다는 것을 아는데 어떻게 죄를 짓고 살겠습니까. 인간이 죄짓지 않고 축복의 삶을 살도록 하시는 것, 다윗은 바로 이 하나님의 마음을 정확히 이해한 사람이었던 것입니다. 다윗은 하나님을 그렇게 믿었습니다. 다윗에게 하나님은 저 멀리 계신 하나님이 아니었습니다. 다윗은 하나님을 항상 눈앞에 모시고 사는 사람이었습니다.

내가 여호와를 항상 내 앞에 모심이여 그가 나의 오른쪽에 계시므로 내가 흔들리지 아니하리로다 시 16:8

이미 천국을 살았던 다윗

다윗은 하나님 앞에서 항상 자신을 숨김없이 드러내놓고 살았습니다.

주님, 나를 샅샅이 살펴보시고, 시험하여보십시오. 나의 속 깊은 곳과 마음을 달구어보십시오. 나는 주님의 한결같은 사랑을 늘 바라보면서 주님의 진리를 따라서 살았습니다 시 26:2-3, 새번역

다윗은 하나님께 자신의 마음을 다 열어 보이고 싶었습니다. 그래야 하나님을 진짜 믿는 것이라고 여겼습니다. 우리 식으로 말하면 24시간 예수님을 바라보며 동행일기를 쓰며 살았다는 말입니다. 시편은 다윗이 기록한 예수동행일기입니다. 시편 한 편 한 편이 다윗의 동행일기를 읽는 것입니다. 우리가 이렇게 하나님과 친

시편 26편

밀히 교제하고 동행하며 가까이 계신 하나님을 믿고 살면 온전한 삶을 살게 됩니다. 죄짓고 살 수가 없습니다.

한 교회 연구소에서 서울의 대형교회 교인들을 대상으로 설문 조사를 했는데 교인 중 25퍼센트가 주일성수를 매 주일 하지는 못하는 것으로 나왔습니다. 또 30퍼센트는 주중에 한 번도 기도하지 않으며, 그중 40퍼센트는 기도생활을 전혀 하지 않는다고 합니다. 또 교인의 50퍼센트는 성경을 거의 읽지 않는다고 합니다. 55퍼센트는 헌금을 부담스럽게 생각하고, 70퍼센트는 교회 학교 교사 혹은 성가대 등 교회사역을 섬겨본 일이 없다고 합니다. 더구나 교인의 85퍼센트가 아직 한 사람도 전도해본 적이 없다고 답했습니다. 그런데 놀라운 것은 100퍼센트 교인 모두 천국은 꼭 가고 싶다고 썼다는 것입니다.

그런데 여러분, 우리가 어떻게 천국에 갑니까? 오늘 이 땅에서 사는 대로 천국에 간다는 것을 명심해야 합니다. 이 땅에서는 적당히 살고 죽은 다음 천국에 가도 바로 살 수 없습니다. 여러분이 정말 천국에 갈 사람인지는 지금 압니다. 여러분의 삶이 천국과 별개가 아니라 지금 천국의 삶을 사는 것입니다.

나는 헛된 것을 좋아하는 자들과 한자리에 앉지 않고, 음흉한 자들과도 어울리지 않았습니다. 나는 악인들의 모임에서 그들과 어울리기를 싫어하고, 한자리에 있지도 않았습니다. 시 26:4-5, 새번역 다윗은 이미 천국의 삶을 살기 시작한 것입니다. 이 땅에서 예수님을 모시고 그분과 동행하며 사는 사람은 여기서 사는 그대로 천국의 삶을 살아갑니다. 예수님과 함께 사는 것이 바로 천국의 삶입니다. 전에는 세상 사람들과 어울리는 것도 재미라고 생각했는데 죄짓고 사는 것이 다 싫어졌습니다. 주님이 싫어하시는 일은 나도 싫은 것입니다. 얼마나 놀랍습니까? 이제는 도저히 죄짓고 살 수 없는 사람이 되었다는 말입니다.

도저히 죄짓고 살 수 없게 된 사람

…주님의 제단을 두루 돌면서, 감사의 노래를 소리 높여 부르며, 주님께서 나에게 해주신 놀라운 일들을 모두 다 전하겠습니다.
시 26:6-7, 새번역

다윗은 주님과 함께하는 시간이 너무 좋습니다. 오직 주님을 찬양하고 증거하고 전도하며 살고 싶습니다. 교회에 가서 예배하는 일이 다른 무엇보다 좋습니다.

주님, 주님께서 계시는 집을 내가 사랑합니다. 주님의 영광이 머무르는 그곳을 내가 사랑합니다. 시 26:8, 새번역 예수님과 동행하는 사람은 심판이 있다는 것을 알게 됩니다.

나의 이 목숨을 죄인의 목숨과 함께 거두지 말아주십시오. 나의 이 생명을 살인자들의 생명과 함께 거두지 말아 주십시오. 시 26:9, 새번역

그래서 죄가 싫고 정말 깨끗하게 살고 싶은 것입니다. 전에는 죄가 뭔지도 모르고 죄로 인한 심판도 몰랐기 때문에 죄를 재미나 쾌락 정도로 여겼습니다. 하지만 이제는 정말 달라졌습니다. 심판을 알고 나니까 정말 죄짓고 싶지 않고 죄를 떠나고 싶습니다.

그러나 나는 깨끗하게 살려고 하오니, 이 몸을 구하여 주시고, 은혜를 베풀어 주십시오.. 시 26:11 새번역

이제는 도저히 죄짓고 살 수 없게 되었습니다. 이것이 기적 중에 기적입니다. 우리 삶에서 가장 놀라운 기적입니다. 물론 우리가 온전한 성도로 거룩한 삶을 산다는 것은 우리 능력으로 되는 일이 아닙니다. 그것은 주님이 전적으로 해주셔야 가능한 일입니다.

예수께서 그들을 보시며 이르시되 사람으로는 할 수 없으나 하나님으로서는 다 하실 수 있느니라 마 19:26

아무리 노력해도 거룩하고 의롭게 살 수 없었다고 해서 낙심하

지 마십시오. 그것은 사람으로는 할 수 없는 일이라고 하셨습니다. 그러나 하나님은 얼마든지 하실 수 있습니다. 천지창조를 누가 하셨습니까? 홍해를 누가 가르셨나요? 하나님이 하셨습니다. 오병이어의 기적은 누가 이루셨습니까? 주님이 하셨습니다. 우리는 할 수 없지만 우리와 함께 계시는 주님은 우리가 죄짓지 않고 살도록 얼마든지 하실 수 있습니다. 그러므로 "어쩔 수 없이 죄짓고 사는 거야! 사람인데 어떻게 완벽할 수 있어?" 이런 말은 하지 말아야 합니다. 우리 안에 오신 예수님이 나로 하여금 다윗과 같이 고백하게 해주십니다.

예수님의 사람이 되게 하시는 예수님

영국의 신문기자 헨리 스탠리는 철저한 무신론자였습니다. 1871년, 리빙스턴 선교사가 아프리카에 갔다가 수년간 본국과 연락이 두절되었을 때 스탠리는 특종 기사를 쓸 욕심으로 리빙스턴을 찾아 아프리카 밀림으로 들어갔습니다. 결국 리빙스턴을 만났고 리빙스턴으로부터 기삿거리를 얻기 위해 같이 지내게 됩니다. 그때 스탠리는 이렇게 회고했습니다.

"당시 나는 런던에서 가장 유명한 무신론자로 편견을 가지고 아프리카로 갔습니다. 그러나 그곳에서 리빙스턴과 열 달을 지내며 나 자신을 향한 반성의 시간을 갖게 되었습니다. 처음에는 이 고독한 노인을 보고 스스로에게 질문해보았습니다. '도대체 이분은 왜 여기에 와서 저 고생을 하고 있는가? 정신이 나간 건가? 아니라면 무엇 때문인가? 무엇이 그를 저렇게 감동시키고 있는가?' 그러나 시간이 지나면서 나는 그 분이 성경에 기록된 말씀대로 생활하는 것을 보고 깜짝 놀랐습니다. '모든 것을 버리고 나를 따르라'는 말씀을 그대로 실천하고 있었습니다. 리빙스턴과 함께 지내면서 다른 사람에 대한 그의 긍휼의 마음이 나에게도 조금씩 전이되었고, 내 안에도 같은 동정의 마음이 일어났습니다. 그의 경건한 자세와 온유함과 열정과 성실, 자신의 일을 얼마나 열심히 감당하는지 지켜보며 나는 결국 그 때문에 회심하게 되었습니다. 그는 나에게 회개하라고 말하거나 강요하지 않았습니다. 나를 회심시킨 것은 리빙스턴의 설교가 아닌 그의 삶이었습니다."

무신론자 기자였던 스탠리가 예수님의 사람이 된 간증입니다. 놀랍지 않습니까? 리빙스턴만 그렇게 살 수 있는 것이 아닙니다. 리빙스턴을 그렇게 살게 하신 분이 예수님입니다. 우리 안에 오신 예수님 때문에 우리 모두 다 그렇게 살 수 있는 것입니다.

이는 성도를 온전하게 하여 봉사의 일을 하게 하며 그리스도의 몸을 세우려 하심이라 엡 4:12

하나님의 계획은 우리의 삶이 온전해지는 것입니다. 여러분에게 그렇게 하라는 말이 아닙니다. 우리는 그저 예수님을 영접하고 그분을 24시간 바라보면 됩니다. 우리가 도저히 죄짓고 살 수 없는 이유는 우리와 함께하시는 예수님 때문입니다. 그러므로 우리에게는 예수님과 동행하는 삶의 훈련이 더욱 필요합니다.

내 눈이 항상 주님을 향하게 하소서

꿈 이야기라서 조심스럽지만, 여러분에게 꼭 나누고 싶은 꿈을 꾸었습니다. 꿈에서 사자를 만났습니다. 동물원에 간 것은 아닙니다. 사람들과 만나고 헤어져 집으로 돌아가는 늦은 밤거리에서 사자 떼를 만났습니다. 사자 떼를 보고 움찔해서 멈춰 섰는데 사자 한 마리가 저를 보고 달려들었습니다. 그때 제가 느낀 공포감이 아직도 생생하게 느껴질 정도입니다. 뒷걸음질하면서 "살려주세요!", "도와주세요!", "누구 없어요?" 하고 소리쳤습니다. 그런데 그때 어떤 사람이 와서 그 모습을 사진 찍는 게 아닙니까? 아니 사자가 달려들면 어떻게든 구해줘야지 사진을 찍는 사람을 보며 너무 어이없다고 생각하는데 사자가 저를 덮쳤습니다. 그리고 잠에서 깼습니다. 새벽 4시입니다. 다시 잠들 수가 없었습니다. 너무 실제 상황 같았습니다.

무슨 뜻일까 곰곰 생각해보았습니다. 마귀가 우는 사자처럼 삼킬 자를 찾아 헤맨다는 말씀이 생각났습니다. 그런데 이것은 너무 당연한 일입니다. 이상한 일도 아니고 큰일날 일도 아닙니다. 그것은 여러분에게도 마찬가지입니다. 두려울 일은 아닙니다. 마귀는 항상 우리가 넘어지고 좌절하고 꺾이기를 원하고 있기 때문에 이것으로 염려하는 것은 마귀에게 속는 것임을 알았습니다. 그 문제는 염려하지 않기로 했습니다. 그런데도 마음이 편치 않았습니다. 계속 잠들지 못하고 뒤척이다가 마침내 깨달았습니다. 사자가 달려드는 순간 극심한 공포심을 느꼈습니다. 그런데 그 다급한 순간에 주님 생각을 하지 않고 공포심에만 사로잡혔다는 것입니다. '누가 나를 도와줘야 할 텐데…', '사람들이 와서 도와줘야 할 텐데…' 그 생각밖에 없었습니다. 하나님이 저의 영적 상태를 그대로 보여주신 거라는 생각이 들었습니다.

아침에 일어나 하나님 앞에 기도했습니다. 그동안 그토록 24시간 예수님을 바라보라고 설교했고, 저도 그렇게 살기를 원했지만 제가 주님을 바라보는 수준이 아직 온전하지 못하다는 것을 고백하고 더욱 주님을 바라보게 해달라고 구했습니다.

사자가 달려드는 그 순간이 진짜 주님이 필요한 순간입니다. 우리가 사는 동안 정말 넘어질 수밖에 없는 유혹이 다가올 때가 있습니다. 그때 예수님을 바라볼 수 있어야 합니다. 24시간 주님을 바라본다는 것이 무슨 의미가 있습니까? '이제 내가 죽었구나' 싶은 극심한 공포를 느낄 때도 주님을 바라볼 수 있어야 합니다. 그것이 주님이 우리에게 원하시는 것입니다. 주님은 우리가 유혹받을 때, 두려운 일이 생길 때 주님을 바라봄으로써 넘어지지 않게 하시려고 오신 것입니다.

그런데 우리가 평소에는 주님을 바라보는 것 같다가도 유혹이 올 때나 두려운 일이 생길 때 주님을 금세 놓치게 됩니다. 그러므로 평소에 주님을 바라보는 훈련을 더 해야 합니다. 여러분이 항상 주님을 바라볼 수 있는 사람이 되어야 어떤 유혹에도 넘어지지 않습니다. 도저히 죄를 지을 수 없는 사람이 됩니다. 하나님은 우리가 그렇게 하기를 원하십니다. 다윗은 우리에게 그것을 증거하는 것입니다.

여러분, 주님과의 친밀한 관계가, 믿는 우리에게 가장 놀라운 축복입니다. 우리 가운데 오신 예수님이 우리가 누리는 가장 놀라운 축복입니다. 그 예수님 때문에 우리 인생이 바뀐 것입니다. 어떤 죄가 유혹할지라도, 어떤 두려운 일이 닥쳐올지라도 제가 예수님을 바라볼 수 있는 바로 그 사람이 되기를 원합니다. 우리 모두 예수님을 바라보아야 할 바로 그때 주님을 바라볼 수 있기를 바랍니다. "주여, 제 눈을 열어주십시오. 제 눈이 항상 주님을 향하게 해주옵소서. 다윗과 같이 그렇게 살게 해주옵소서."

예수님은 나의 선한 목자이신가?

초판 1쇄 발행   2022년 8월 17일
초판 2쇄 발행   2022년 8월 26일

지은이   유기성

펴낸이   여진구
책임편집   안수경 김도연
편집   이영주 정선경 최현수 김아진 정아혜
책임디자인   마영애 노지현 조은혜
홍보·외서   진효지
마케팅   김상순 강성민 허병용   마케팅지원   최영배 정나영
제작   조영석 정도봉   경영지원   김혜경 김경희 이지수

303비전성경암송학교   박정숙 최경식
이슬비전도학교 / 303비전성경암송학교 / 303비전꿈나무장학회

펴낸곳   규장

주소 06770 서울시 서초구 매헌로 16길 20(양재2동) 규장선교센터
전화 02)578-0003   팩스 02)578-7332
이메일 kyujang0691@gmail.com   홈페이지 www.kyujang.com
페이스북 facebook.com/kyujangbook   인스타그램 instagram.com/kyujang_com
카카오스토리 story.kakao.com/kyujangbook
등록일 1978.8.14. 제1-22

ⓒ 저작와의 협약 아래 인지는 생략되었습니다.
이 출판물은 저작권법에 의해 보호를 받는 저작물이므로 무단 전재와 무단 복제를 할 수 없습니다.

책값 뒤표지에 있습니다.
ISBN 979-11-6504-353-7 04230
      979-11-6504-137-3 (세트)

규 | 장 | 수 | 칙

1. 기도로 기획하고 기도로 제작한다.
2. 오직 그리스도의 성품을 사모하는 독자가 원하고 필요로 하는 책만을 출판한다.
3. 한 활자 한 문장에 온 정성을 쏟는다.
4. 성실과 정확을 생명으로 삼고 일한다.
5. 긍정적이며 적극적인 신앙과 신행일치에의 안내자의 사명을 다한다.
6. 충고와 조언을 항상 감사로 경청한다.
7. 지상목표는 문서선교에 있다.

하나님을 사랑하는 자 곧 그의 뜻대로 부르심을 입은 자들에게는 모든 것이 合力하여 善을 이루느니라(롬 8:28)

 Member of the
Evangelical Christian
Publishers Association

규장은 문서를 통해 복음전파와 신앙교육에 주력하는 국제적 출판사들의
협의체인 복음주의출판협회(E.C.P.A:Evangelical Christian Publishers
Association)의 출판정신에 동참하는 회원(Associate Member)입니다.